Nicoletta Diebold

Die wilde Hexenküche der Ostalb

Wildkräuter im Wandel der Jahreszeiten

Nicoletta Diebold

Die wilde Hexenküche der Ostalb

Wildkräuter im Wandel der Jahreszeiten

einhorn

heimatblume

Layout & Satz
Ulrich Schmid, de·te·pe, Aalen
Coverbild: © Peter Schlipf

Herstellung
einhorn-Verlag+Druck GmbH
Sebaldplatz 1, 73525 Schwäbisch Gmünd

ISBN 978-3-95747-166-6
1. Auflage, April 2024
Printed in EU

www.einhornverlag.de

Inhaltsverzeichnis

Frühling

Sommer

Herbst

Winter

Vorwort

Wissen sie, was Giersch ist?
Wie er aussieht?
Wo man ihn wann findet?
Wie er schmeckt und wirkt?

Nein?

Nicht schlimm. Mir war der Name dieser Pflanze zwar irgendwie bekannt, jedoch wusste ich nur, dass es eines der Unkräuter ist, welches meine Mutter in Kindheitserinnerungen immer ausgerissen und an unsere Hasen verfüttert hat. Meine Oma hat Giersch sogar gegessen, was mir als Kind sehr komisch vorkam – vor allem deshalb, da der Geschmack des Krauts mehr als gewöhnungsbedürftig war.

Aber man wird älter und vieles, was der Moderne zum Opfer gefallen ist, wird heute wieder neu entdeckt und von Menschen wie Nicoletta Diebold mit allen Facetten ihres Wissens erklärt. Theoretisch, wie auch praktisch …

Als ich Nicoletta kennengelernt habe, war mein Wissen über Wildkräuter allenfalls von rudimentärer Natur. Ich kannte Löwenzahn und Brennnessel, Sauerampfer und die süßen Blüten der Taubnessel – doch sehr viel größer waren meine Kenntnisse nicht. Im Garten wuchsen Thymian und Petersilie, Pfefferminze und Salbei und Schnittlauch natürlich. Das Übliche, was jeder aus Kochbüchern und Kräuterfibeln kennt.

»Komm doch mal zu mir auf den Koiserhof zum Kräuterrundgang«, waren ihre ersten Worte nach unserem Kennenlernen. Da ich immer offen für alles bin, habe ich zugesagt und, dort auf dem Koiserhof, ein Stück Heimat entdeckt. Direkt vor der Haustüre, sozusagen.

Durch Nicolettas umfangreiches Wissen bekam ich einen ganz anderen – fast hätte ich gesagt *neuen*, aber eigentlich ist es ein alter – Blick, auf all das, was da draußen wächst. Man hat nur aufgehört, hinzusehen. Man wurde angehalten, nichts zu essen, was nicht aus dem heimischen Garten oder dem Supermarkt kommt. Dadurch verschwand das Wissen über Wildkräuter und die natürliche Intuition für die Natur. Nur wenige haben sich dieses ökologische Bewusstsein erhalten. Doch dank Menschen wie Nicoletta Diebold werden es zum Glück wieder mehr. Sie teilt ihr umfangreiches Wissen mit vielen Interessierten und Gleichgesinnten und hat ein wunderbares Netzwerk aufgebaut, um nachhaltige Lebensweise (er-)lebbar zu machen. Wir sind alle Teil eines funktionierenden Ökosystems und brauchen immer wieder Motivation, danach zu leben, und Lehrer, die uns an ihrem Wissen teilhaben lassen.

Wissen sie, wie lecker ein Brotaufstrich schmeckt, wenn man zuvor beim Spaziergang über die Wiesen unserer Heimat die Wildkräuter dafür gesammelt hat?

Wollen sie wissen, was man mit Gundermann, Mädesüß und Co. so alles zaubern kann?

Dann wünsche ich Ihnen mit diesem besonderen Kochbuch viel Freude, beim Sammeln der Wildkräuter viel Spaß und vielleicht sehen wir uns irgendwann persönlich bei Nicoletta zum Kräuterrundgang.

Herzlichst

Ihre Sandra Bayer-Sarcevic

Intention zum Buch

In Omas Vorgarten zwischen Rosen und Vergissmeinnicht und vielen extra drapierten Steinpilzen sitze ich als »Pilzweiblein«, eine liebevolle Bezeichnung, die mir mein Vater damals im Familienfotoalbum verpasste. Für mich ein besonderes Prädikat, das zum Ausdruck bringt, wie nah meine Familie der ursprünglichen, naturzugewandten Lebensweise war. Meine Eltern liebten die Natur, sie liebten es, draußen Zeit zu verbringen, zu wandern, campen, in Seen zu baden, und ich war von Anfang an auf Flur und Feld und auch im Wald mit dabei. Ich lernte früh, dass es Delikatessen in freier Wildbahn zu sammeln gibt, von unschätzbarem Wert und köstlichem Geschmack. Wir sammelten im Sommer Pilze und Beeren, die dann zuhause zu kulinarischen Genüssen in mehreren Gängen zubereitet wurden. Das fand ich großartig, obwohl ich ansonsten ziemlich wählerisch bei der Essensaufnahme war. Dadurch, dass sich aber alle so gefreut haben und meine Familie wahre Festessen daraus machte, habe ich die Wertschätzung meiner Familie gegenüber den Schätzen des Waldes und der Wiese übernommen.

Essen aus der Natur war und ist für mich etwas Selbstverständliches, aber auch Faszinierendes. Es glich einer Schatzsuche. Ich blicke gerne zurück und sehe mich, wie ich unter die Baumstämme robbe und dabei einen goldenen Pfifferlingschwarm entdecke, ein unvergesslicher Glücksmoment!

Meine Heimat, die schöne Ostalb, hat diese Naturverbundenheit natürlich genauso gefördert, denn egal in welche Richtung wir losgehen, wir sind umgeben von Natur. Die Landschaft ist hier sehr abwechslungsreich. Es gibt viele Nischen, Schluchten mit Flüssen und Bächle, Berge und Felsen, wellige Hügel und hohe Ebenen. Nie weiß man, was hinter dem nächsten Buckel erscheint. Ich liebe diese Unterschiedlichkeit im Anblick. Vieles kann gerade deshalb landwirtschaftlich nicht genutzt werden und bleibt so ganz ursprünglich der Natur überlassen. Ein Glück für die Artenvielfalt auf der Schwäbischen Alb und auch ein Glück, in so einer ursprünglichen Umgebung aufzuwachsen. Wir waren eigentlich immer draußen. Völlig selbstverständlich spielten wir am Bach, im schlammigen Lehm, pflückten Blumensträuße auf den bunten Wiesen, die voller Schmetterlinge, Bienen und Käfer waren. Wir sammelten Walderdbeeren, bis wir eine Handvoll hatten und stopften sie dann mit unseren kleinen Kinderhänden alle auf einmal in den Mund, herrlich dieses Aroma! Auf unse-

ren Ausflügen durchquerten wir Streuobstwiesen, bissen in Äpfel, die sich dadurch rot färbten, so viele Antioxidantien steckten in der Schale. Im schönen Bärlauchtal machten wir heimlich kleine Lagerfeuer. Wir sammelten Himbeeren, Brombeeren, kleine grüne Maiskolben vom Feld, oder später die großen gelben Maiskolben, die wir uns in Salzwasser gekocht und mit Butter glasiert schmecken ließen. Es war ein Abenteuer, in der Natur Essen zu finden. Es erinnert mich an längst vergessene Zeiten und Geschichten, die meine Oma von früher erzählte und mich damit inspirierte. Damals in der Not während und nach dem Krieg, wurde alles geschätzt, was es Essbares aus der Natur gab. Eicheln wurden als Streckmehle verarbeitet, Bucheckern zu Öl gepresst und Brennnessel, Giersch und Co. kamen auf die Teller der Nation, bis die Bevölkerung es satthatte. Mit dem Wirtschaftsaufschwung kamen neue Lebensmittel, neue Gerichte auf den Markt. Die neuen Produkte waren schick, modern und praktisch. Brühwürfel, Fertigsaucen und Co. ersetzten das gute Selbstgemachte. Diese Entwicklung hält bis heute an, auf die Spitze getrieben durch Essen to go, Fastfoodketten und eine riesige Conveniencefood-Industrie, die alles anbietet, was gewünscht wird. Von Spaghetti mit Tomatensoße in Dosen bis hin zu Pfannkuchenteig aus der Flasche und dem Zustand, dass viele gar nicht mehr wissen, wie Kochen eigentlich geht.

Zum Glück gibt es nun eine deutliche Rückbesinnung, eine Gegenbewegung zu den oft ungesunden Ernährungsgewohnheiten unserer Gesellschaft hin zu gesunden, regionalen und naturbelassenen Lebensmitteln, die noch ihre komplexe Nährstoffdichte besitzen.

Gleichzeitig boomen auf dem Markt viele sogenannte »Superfoods«, Lebens- oder Nahrungsergänzungsmittel, die mehr Vitalität und Gesundheit versprechen und dabei oft aus fernen Ländern stammen. Wie kann das sein?

Wachsen hier in unserer schönen Heimat, der Ostalb, nicht auch Pflanzen, die voller Vitamine, Mineralstoffe und anderer nützlicher Pflanzenbegleitstoffe sind? Die unser Immunsystem ankurbeln, den Stoffwechsel anregen und unsere Darmgesundheit fördern?

Doch, die gibt es. Die leckeren, vitalstoffreichen Kräuter stehen uns mehr als reichhaltig zur Verfügung: Vogelmiere, Giersch, Knoblauchrauke, Brunnenkresse, Wiesenlabkraut und Brennnessel wachsen direkt vor der Haustür, in Gärten, die es zulassen, in versteckten Nischen, an Hängen oder am nahen Waldrand. Unser Essen schmeckt nicht nur gut mit mediterranen Kräutern, ja, auch die heimische Wildkräuterlandschaft hat so einiges zu bieten! Und es ist mir ein besonderes Bedürfnis, das Bewusstsein dafür zu stärken und den Blick auf die grünen Schätzchen, die hier auf unseren heimischen Wiesen stehen, zu verändern.

Intention dabei ist es, die Liebe und den Respekt zur Natur wieder zu finden. Mit und von der Natur zu leben, die Jahreszeiten zu verinnerlichen, sich von ihr zu ernähren oder zumindest täglich in den Speiseplan zu integrieren.

Ein Salat wird schon allein durch die Beigabe von ein paar Löwenzahnblättern, durch die enthaltenen Bitterstoffe, in seinem Mineral- und Vitamingehalt aufgewertet. Eine Gemüsesuppe erhält frisches Wildkräutergrün, schön für die Optik und fein würzig im Geschmack. In die Gemüsepfanne kommt knackiges Grün wie Giersch oder Brennnessel. Mit Wildkräutern zu kochen, oder einfach damit seinen Speiseplan zu ergänzen, kann ganz einfach sein. Das möchte ich mit den Kräuterrundgängen und in diesem Buch mit meinen Wildkräuterrezepten vermitteln, und vielleicht der einen oder dem anderen Inspiration und Beispiel geben.

Wer den Einstieg in die Welt der Wildkräuter sucht, dem empfehle ich, an einer Wildkräuterführung teilzunehmen, um die Kräuter in ihrem natürlichen Habitat kennen zu lernen, freilaufende Wildkräuter sozusagen. Wo wächst die Pflanze? Mitten auf der Wiese, in der Sonne, im Schatten, mit feuchten Füßen oder am Waldesrand? Wie fühlt sie sich an, wie riecht sie, nach was schmeckt sie? All das kann ein Buch nicht vermitteln.

Oft sind die gezeigten Pflanzen auch durchs Fotografieren in ihrer Farbigkeit verändert, erscheinen bläulicher oder rötlicher, heller oder dunkler als sie in Wirklichkeit sind. Natürlich ist ein ergänzendes Buch dazu trotzdem unerlässlich. So kann man Neuentdeckungen nachschlagen oder Anregungen über die Nutzung der Pflanze gewinnen. Zum Einstieg empfehle ich gerne handliche

Exemplare, die vielleicht auch mal mitgenommen werden können, nicht zu botanisch komplex, das schreckt vor allem Anfänger*innen ab. Bücher, die auch gleich noch Anwendungen zeigen oder auf giftige Doppelgänger verweisen, machen die Sache rund. Beginnen kann man ganz einfach mit den Pflanzen, die jede*r kennt, wie Brennnesseln, Löwenzahn, Gänseblümchen und falls bekannt auch der Giersch oder der Spitzwegerich. Damit lässt sich dann schon einiges zubereiten und ausprobieren. So wird das Wissen einfach Stück für Stück, von Pflanze zu Pflanze erweitert, ins Essen integriert und spielerisch ausprobiert, wie was am besten schmeckt und in welcher Kombination. Trau dich einfach, komm mit mir mit!

Nach dem Motto »Guck mal, was hier wächst!« gehen wir jetzt gemeinsam auf einen Kräuterrundgang durch deinen Garten, über die Wiese in deiner Nähe und entdecken zusammen die heimische Kräuterlandschaft, eine Entdeckungsreise die sich für dich und die Natur lohnt, denn danach wird dein Blick ein anderer sein …

Von der Wiese in den Mund

Ich liebe es, mit einem kleinen Körbchen unterm Arm über die Wiesen des Koiserhofes zu schlendern. Hier ein paar Blättchen Löwenzahn, etwas Sauerampfer, zarte Spitzwegerichblätter aus dem Inneren der Rosette mit den Fingern abzuknipsen, vorbei am Bächle, etwas Brunnenkresse vorsichtig abzuschneiden, am Waldrand ein paar Zungenblüten vom Lungenkraut oder später von den Taubnesseln zu stibitzen und mir dann daraus einen Salat zu machen. Bei jedem Bissen fühle ich die Lebensenergie, die in mich übergeht!

Natürlich hat nicht jede*r das Glück, von so viel Natur umgeben zu sein wie wir hier auf dem Koiserhof.

Auf den von mir veranstalteten Kräuterrundgängen kommt immer die Frage auf, wo man denn noch ungespritzte, ungedüngte Wege und Wiesen vorfindet, um Wildkräuter zu sammeln. Klar, das ist oft nicht so einfach, die Wildpflanzen, die auf den landwirtschaftlichen Flächen oder an Straßenrändern sowie an den typischen Gassirundwegen wachsen sind meist belastet und scheiden deshalb aus. Doch du findest bestimmt Freiräume in Nischen oder auf unwirtschaftlichen Hanglagen auch in deiner Nähe. Halte die Augen auf, beobachte das Land, seine Nutzung und garantiert findest du deine Sammelplätze, Plätze, die du von nun an immer zur richtigen Zeit fürs richtige Kraut aufsuchen wirst. Oder gibt es vielleicht wilde Ecken in deinem Garten? Kann eine Ecke zum Verwildern freigegeben werden? Es ist immer wieder erstaunlich, wie viele verschiedene Pflanzenarten sich ansiedeln, wenn einfach mal eine Fläche frei gelassen wird.

Natürlich ist der eigene Garten die einfachste und bequemste Möglichkeit, sich vor jedem Essen eine Handvoll zu pflücken, aber auch auf dem Balkon und im Blumentopf kann wildes Leben entstehen.

Eine weitere oft gestellte Frage ist die nach dem Fuchsbandwurm. Ist es nicht gefährlich, Wildkräuter zu sammeln und zu essen, wenn der Fuchs umgeht? Dazu muss festgestellt werden, dass der Fuchs überall umherstreift. Über Äcker, Erdbeerplantagen, Gärtnereien und natürlich auch in privaten Gärten ist Reineke Fuchs unterwegs. Gerne verewigt er sich auf Steinen, Mauern oder Bordsteinen, eher weniger im Grün. Die Panik vor dem Fuchsbandwurm steht in keinem Verhältnis zu einer möglichen Ansteckung. Ich persönlich habe viel mehr Angst vor Zecken, wegen Borreliose oder Frühsommer-Meningoenzephalitis (FSME). Schon viele Male musste ich deshalb eine Antibiose machen. Das Einzige, was da hilft, ist, sich nach der Wanderung gründlich abzusuchen, oder noch besser sich absuchen zu lassen.

Angst gibt es stets vor giftigen Doppelgängern. Generell gilt deshalb: nur mitnehmen, was du ganz eindeutig bestimmen kannst! Der Bärlauch zum Beispiel ist wohl das beliebteste Kraut für Neueinsteiger*innen. Okay, er sieht aus wie das Maiglöckchen oder wie der Aaronstab, aber tut er das wirklich? Alle sind grün und sprießen im Frühling frisch aus dem Boden, aber das war es dann auch schon. Jede Pflanze hat ihren Standort, ihre typische Wuchsform und ihren Geruch. Das gilt es jedes Mal gründlich zu überprüfen. Bist du dir nicht sicher, dann lass unbedingt die Pflanze stehen. Fotografiere sie von mehreren Seiten, auch en detail, und bestimme sie zuhause mit einem Wildkräuter-Bestimmungsbuch. So erweiterst du dein Wissen mit jedem Ausflug.

Zum Sammeln verwende ich stets Körbe aus Naturmaterialien, in die ich ein Tuch lege, damit keine losen Blättchen oder kleine Blüten verloren gehen. Eine Schere oder ein Messer erleichtern das Pflücken sehr. Falls ihr lieber ohne diese sammeln geht, achtet bitte darauf, die Pflanzen abzuknipsen und nicht auszureißen, damit ihr Fortbestand gesichert ist. Pflanzen wie Brunnenkresse oder Vogelmiere zum Beispiel haben ganz feine, zarte Würzelchen, deshalb diese bitte mit einer Schere schneiden oder mit den Nägeln vorsichtig abknipsen, damit die Pflanze wieder nachwachsen kann. Beim Sammeln von einzelnen Blättern und Blüten ist es schonender, diese an verschiedenen Pflanzen zu entnehmen und immer den größten Teil an der Pflanze belassen. Von den meisten Wildkräutern können Blättchen und Blüten abgeknipst werden, die Pflanze muss nicht immer komplett mitgenommen werden! So kann sie sich schnell wieder erholen, Blüten und Blätter können nachwachsen, um für Insekten und ihren Fortbestand erhalten zu bleiben.

Bitte sammelt deshalb mit Bedacht nur das, was ihr wirklich zeitnah verarbeiten und verbrauchen könnt!

Die Natur lädt uns ein, uns zu bedienen, aber bitte respektvoll und nicht gierig, so wie es sich für einen Gast gebührt. Seltene Pflanzen werden bewundert, vielleicht auch fotografiert, aber auf jeden Fall stehengelassen, denn sie sollen sich vermehren dürfen.

Praktisch sind auch Gläser für Blüten, dadurch lässt sich das Aroma schützen und sie werden nicht von anderen Pflanzen gequetscht. Manche Wildkräuter haben aromatische Wurzeln, dafür benötigst du eine Grabegabel, einen Wurzelstecher oder ähnliches. Wer Brennnesseln ernten möchte, hat es am einfachsten mit festen Handschuhen. Bei Arthrose und Gicht in den Händen ist es zwar eine durchblutungsfördernde Anwendung, ansonsten empfehle ich es nicht. Gerade wer eine größere Menge sammeln möchte, kann mit Handschuhen schnell einen Korb pflücken, ohne bei jedem Griff darauf achten zu müssen, nicht gebrannt zu werden. Natürlich geht es auch ohne, indem von unten entlang der Brennhaare gestrichen wird. Probiert es ruhig mal aus, es geht durchaus, aber praktisch finde ich es für großen Mengen nicht.

Im Frühling kann aus dem Vollen geschöpft werden. Und das sollten wir auch tun, denn unsere Frühjahrskur wächst direkt vor uns auf der Wiese! Detox, Ausgleich des Säure-Basen-Haushalts, Bitterstoffe für den Stoffwechsel und die Verdauung? Bitte schön, jetzt und hier zugreifen!

Wir können die zarten, jungen, ganz frischen Triebe direkt von der Pflanze abknipsen und naschen, oder einfach auf unser Butterbrot legen. Ein Brotaufstrich oder eine Kräuterbutter sind schnell gemacht, ebenso ein Dip zu Gemüse oder Kartoffeln. Wie wäre es mit einem frischen Wildkräuterpesto zur Pasta, oder einer Kräutervinaigrette zum Salat?

Es gibt so unendlich viele Möglichkeiten. Grundsätzlich werden kleine, zarte Pflänzchen ganz oder bei größeren Pflanzen die einzelnen Blättchen von den Rispen gepflückt. Die Stängel enthalten oft zu viele Faserstoffe, die beim Verarbeiten sowie beim Kauen unangenehm auffallen. Auch bei Smoothies empfiehlt es sich, die Wildkräuter vorab in Stücke zu schneiden, damit sich die Fasern nicht um die Messerscheibe des Blenders wickeln. Weichere Kräuter wie zum Beispiel Löwenzahn oder Giersch können mitsamt den Stängeln in mundgerechte Stücke geschnitten und so direkt im Salat verspeist oder fein gerebelt zu Pesto oder Ähnlichem verarbeitet werden. Als einfache Faustregel gilt: Alles, was jung, zart und grün ist, lässt sich mit den Fingern brechen oder reißen. Sind die Wildkräuter zäh und zeigen beim Reißen ihre Fasern, solltest du sie fein schneiden oder den zähen Teil weglassen. Manche Kräuterkundige schwören darauf, die Wildkräuter nur mit den Fingern zu zerkleinern, oder mit Keramikmessern. Natürlich reagieren manche Inhaltsstoffe wie zum Beispiel Vitamine mit dem Metall im Messer. Ich bin da eher pragmatisch und habe keine Probleme, die gesammelten Kräuter mit Messer oder Schere zu zerkleinern, auch ein Wiegemesser tut hier wertvolle Dienste.

Beim Sammeln von Blüten ist zu beachten, dass in Blütenrispen oder Dolden oft viele kleine Lebewesen stecken, die befreit werden wollen! Am einfachsten legst du dazu die gesammelten Blüten, zum Beispiel Holunderblüten,

auf ein weißes Tuch. Das sollte unbedingt im Freien passieren, damit sich die kleinen Wesen leicht aus dem Blütenstaub machen können. Dieser Schritt braucht ein paar Minuten und kann nach Belieben wiederholt werden. Bei größeren Blüten schau in den Blütenschlund, manchmal sind ihre Bewohner unerschrocken und bleiben in ihrem Versteck. Ich habe schon beobachtet, wie ein Insekt in letzter Sekunde aus meinem Sandwich geflogen ist!

Viele Blüten sind essbar und können somit dekorativ und schmackhaft eingesetzt werden. Damit sie nicht im klein geschnittenen Grün untergehen, verarbeite ich sie stets separat. Größere Blüten werden klein gezupft, einzelne kleine Blüten können ganz bleiben und werden am Schluss übers Essen gestreut oder in eine fertige Mischung eingebracht, zum Beispiel bei Kräuterbutter. Schneidest du Blätter und Blüten gemeinsam klein, geht die Schönheit und die Farbe der Blüten unter, deshalb erst am Schluss einarbeiten oder nur locker flockig

drüberstreuen. Für eine Kräuterbutter, für Pestos oder Dips entwickelt sich das Aroma am besten, wenn die Kräuter ganz klein gerebelt werden, denn so kann sich das Aroma optimal entfalten. Ich finde es besonders bezaubernd, in die fertige Kräuterbutter noch Blütenblätter oder kleine Blüten als Farbtupfer einzubringen, das sieht einfach herrlich aus! Wie natürlich gewachsenes, essbares Konfetti auf dem Brot!

Beim Sammeln von Wildkräutern gilt: je frischer und je jünger die verwendeten Kräuter, desto besser. Also am besten sofort nach dem Pflücken verarbeiten. Ich wasche die Wildkräuter, vor allem wenn sie voller Pollenstaub oder anderer Verunreinigungen sind, weil es vielleicht im Vorfeld schon länger nicht mehr geregnet hat. Ein kurzes Bad im kalten Wasser bringt den Kräutern ihre natürliche Spannkraft, wenn das Pflücken etwas länger gedauert hat und die Pflänzchen ein wenig müde aussehen. Zu lange würde ich sie allerdings nicht im Wasser lassen, da ansonsten die wasserlöslichen Vitamine zu sehr austreten und der Geschmack darunter leidet.

Viele Kräuter lassen sich ganzjährig sammeln, andere nur für eine kurze Zeit. Die meisten Blüten erscheinen im Frühling und es gibt besonders zarte Schösslinge, junge Pflanzen-Rosetten; sie gilt es zum rechten Zeitpunkt zu ernten, denn später gibt es oft nur noch das ausgewachsene Blattwerk der Pflanzen zu pflücken. Wildkräuter wie Vogelmiere oder Gänseblümchen mögen die sommerlichen Temperaturen nicht, deshalb sucht man sie dann auch vergeblich. Sie sind wieder auffindbar, sobald die Temperaturen sinken.

Die gesammelten Wildkräuter also am besten gleich essen oder schnell verarbeiten, um das breite Spektrum an Wirkstoffen zu erhalten – aber denke auch daran, manche schon für später zum Konservieren zu sammeln. Denn das Jahr ist noch lang und vielleicht sind die gesammelten Blüten ja auch Teil einer Teemischung, in die sich später noch andere Pflanzen einfinden werden.

Wildkräuter für das Wohlbefinden

Die sogenannten Unkräuter werden jetzt zum Glück als gesunde »Wildkräuter« wiederentdeckt. Was bisher als Unkraut galt, wird nun als vitalstoffreiche Leckerei geschätzt und zubereitet. Auf einem Kräuterrundgang bei uns auf dem Koiserhof kann man essbare Wildpflanzen, aromatische Kräuter, regionale Superfoods entdecken und mehr über deren wohltuende Wirkung und Verwendung lernen. Gepflückt werden Klassiker wie die Brennnessel (blutreinigend), ihre Samen (das »Viagra der Ostalb«), Löwenzahn (regt die fettverarbeitenden Organe wie Leber und Galle an) und allerlei, was einem sonst noch begegnet, wie Giersch, Gundermann oder Knoblauchrauke. Wilde Pflanzen, die fast jede*r zwar vom Sehen kennt, ohne aber zu wissen, wie lecker und vitalstoffreich diese Wildkräuter sind. Auf einmal werden die sogenannten »Unkräuter« mit ganz anderen Augen gesehen, man schätzt sie nun wegen ihrer wohltuenden Eigenschaften, ihrem hohen Vitamin- und Mineralstoffgehalt und ihres besonderen Geschmacks.

Wildkräuter enthalten zwischen 10 und 30 Prozent mehr Inhaltsstoffe als handelsübliches Gemüse und haben dadurch ein großes Potenzial, den Körper fit zu halten oder bei Krankheiten zu unterstützen. Manche enthalten harntreibende, blutreinigende Inhaltsstoffe, die unsere Harnwege durchspülen. Andere regen die Verdauung an durch die guten Bitterstoffe und eine große Ballaststoffdichte. Ballaststoffe sind überlebensnotwendig für den Erhalt unserer Darmflora, des sogenannten Mikrobioms, also der Summe aller in unserem Darm befindlichen Mikroorganismen. Wusstest Du, dass sich dort 80 Prozent unseres Immunsystems befindet? Oder dass die in vielen Wildpflanzen enthaltenen Bitterstoffe die Verdauungsorgane wie Leber und Galle unterstützen und den Stoffwechsel anregen? Schade eigentlich, dass diese, neben Geschmack und Geruch, leider aus den meisten Salat- und Gemüsesorten herausgezüchtet wurden. Ihr Vitamingehalt macht sie ebenso zu Superpflanzen. Auf 100 g Salat beispielsweise kommen nur 13 mg Vitamin C, auf 100 g Brennnessel sind das schon 333 mg davon und ähnlich sieht es auch mit anderen Vitaminen und Mineralstoffen aus.

Jede Pflanze hat eine unglaubliche Vielfalt an Inhaltsstoffen, die auf uns wirken. Manches wirkt antiseptisch, antibiotisch, blutreinigend, den Stoffwechsel anregend oder die Immunabwehr steigernd, viele dieser Wirkstoffe werden gerade erst wissenschaftlich unter die Lupe genommen und das alte Wissen anhand von Studien belegt. Ich denke, es ist generell gut, eine große Vielfalt bei der Nahrungsaufnahme aufzustellen, viele verschiedene Pflanzen, Gemüsesorten, Getreide, Hülsenfrüchte, Öle und Fette einzuplanen und auch Gewürze können heilsam eingesetzt werden.

Regional und Bio

Die Generation meiner Großeltern kaufte fast ausschließlich Lebensmittel aus der Region. Ein großer Teil des täglichen Bedarfs wurde oft sogar selbst angebaut, und alles war Bio. Bio war damals konventionell, also allgemein üblich, denn spezielles Hochleistungssaatgut, Pestizide und chemische Dünger waren in den »guten alten Zeiten« unbekannt und unwichtig. Die Bauern konnten von ihren Erzeugnissen leben und auch Mägde und Knechte beschäftigen, die dann mit den Bauern zusammenlebten. Natürlich war auch in der »guten, alten Zeit« nicht alles rosarot, fast alles musste in der Landwirtschaft von Hand gemacht werden und das ging ganz schön an die Substanz. Es war eine Plackerei bei Hitze und Kälte. Es gab Ausbeutung, Bevormundung und andere Ungerechtigkeiten. Gleichzeitig gab es aber auch lebenslange Freundschaften und ein familienartiges Miteinander. Ich möchte die Zeiten nicht glorifizieren, es gab schon immer Ungerechtigkeiten und eine Kluft zwi-

schen Arm und Reich, aber ökologisch gesehen war diese Art der Landwirtschaft um ein Vielfaches schonender als das, was heute konventionell auf riesigen Flächen und voll maschinell betrieben wird. Die Menschen hatten nicht nur auf dem Land einen Garten, in dem alles wuchs, was sie brauchten, um eine Familie satt zu kriegen, selbstverständlich in Bio-Qualität, mit Lebensmitteln, die noch ursprünglich waren und alle wichtigen Inhaltsstoffe in ausreichender Form enthielten. Im angrenzenden Stall gab es Tiere, die für den Eigenbedarf geschlachtet wurden und Hühner, die für Eier sorgten. Auf dem Bauernhof sah es damals überall ähnlich aus, es gab Kühe, Schweine, Hühner oder Gänse, und der Bauer baute auch Getreide für Mehl und Viehfutter an. Auf dem Acker standen Rüben und in der Erde steckten Kartoffeln oder »Grombiera« wie der Schwabe sagt, eine Knolle, aus der sich allerlei Sättigendes zubereiten lies, wie zum Beispiel Buabaspitzle, Zwiebelschnegga, Schlanganger oder auch einfach nur der geniale schwäbische Kartoffelsalat. Es gab viel Kohl, Kraut und Rüben, Linsen und Zwiebeln, Gemüsesorten, die auch heute noch die schwäbische Küche prägen und die erfindungsreich kombiniert wurden.

Dieses Ideal des Bauernhofes, ein Sinnbild der Selbstversorgung, ist im Aussterben begriffen. Ein moderner Bauernhof gleicht eher einer Lebensmittelfabrik. Die Vielfalt ist verschwunden, Massentierhaltung und Monokulturen prägen das Bild. Die Äcker werden mit Pestiziden getränkt, mit Gülle begossen und der darin lebende Mikrokosmos an Kleinlebewesen, Insekten, Würmern, wichtigen Mikroorganismen und Bakterien wird der Garaus gemacht. Gülle und Pestizide belasten aber nicht »nur« die Böden, auch das Grundwasser wird bei Überdüngung durch die Bildung von Ammoniak belastet, ebenso alle angrenzenden Gewässer, Moore und Wälder mit einem Zuviel an Stickstoff geflutet und so aus dem Gleichgewicht gebracht.

Subventionen fördern fast ausschließlich Großbetriebe mit zu vielen Tieren insgesamt. Das führt zu schlechten Bedingungen bei der Tierhaltung, Niedrigstpreisen bei Fleisch und Milch, und richtet so einen immensen ökologischen Schaden an, nicht nur für die Böden, auch für das Grundwasser und das gesamte Weltklima. 58 Prozent der Äcker weltweit werden für Tierfutter beansprucht. 98 Prozent der Sojaernte wird für Tierfutter überwiegend in Südamerika, z.B. in Argentinien, Brasilien oder Paraguay, angebaut. Durch Brandrodung wird lebenswichtiger Urwald vernichtet, um mehr Ackerflächen zu gewinnen. Soja für Tofu, Sojadrink und Co. kommt dagegen meist aus Deutschland, Österreich, Frankreich und anderen europäischen Staaten, oft in ökologischer Landwirtschaft. Vergleicht man den Bedarf bei pflanzlichem Eiweiß mit dem Ressourcenverbrauch tierischer Eiweißquellen, zeigt sich, dass ein Kilogramm Tofu so viel CO_2 verursacht wie 19 km Autofahrt, dagegen verursacht ein Kilogramm Rindfleisch CO_2 wie bei einer 111 km langen Autofahrt. Natürlich ist auch der Wasserverbrauch für ein Kilogramm Fleisch um ein Vielfaches höher als für ein Kilogramm Tofu oder Gemüse verbraucht wird.

Das ganze System der Lebensmittelerzeugung hat sich in den letzten Jahrzehnten stark gewandelt und in eine Richtung entwickelt, die weg von dem ursprünglichen Leben mit und von der Natur – hin zur Ausbeutung und einem Kampf gegen die Natur geführt hat.

Die Natur soll beherrschbar sein, begrenzt, kontrolliert oder mancherorts eliminiert werden.

Die sogenannten Ackerbeikräuter wie Kamille, Klatschmohn, Kornrade oder Kornblume sind beinahe gänzlich verschwunden. Die belebten Nischen zwischen den Feldern ebenso. Alles muss begradigt und frei von »Unkraut« sein, hier ging und geht immer noch sehr viel Artenvielfalt verloren, leider.

Ein leises Massensterben hat sich in den letzten Jahren abgespielt. Das Ergebnis davon wird langsam offensichtlich. Man spricht von einem Verlust der sogenannten »Biomasse« um 75 Prozent, einer imaginären Gesamtheit aller Insekten, die in der Nahrungskette wieder Futter für andere Wesen wie zum Beispiel Vögel oder Nagetiere bedeuten.

Die Versorgung der Menschen, aber auch die Versorgung aller anderen Lebewesen hier auf unserem wunderschönen Planeten Erde, stellt immer mehr eine Herausforderung an das bisherige Agrarsystem dar, ein Umdenken ist längst überfällig, Strukturen wurden in den letzten Jahrzehnten nicht nur gefestigt, sondern quasi betoniert.

Die totale Globalisierung in allen Bereichen, aber auch das Konsumverhalten jedes Einzelnen, trägt seinen Teil dazu bei, regionale Märkte, aber auch die Umwelt vor Ort in den Erzeugerländern zu zerstören. Der Weltmarkt bestimmt vieles, was früher regional und in kleineren Strukturen geregelt war.

Statt regionale Produkte selber anzubauen oder auf dem Wochenmarkt zu kaufen, werden Lebensmittel kreuz und quer über den Planeten geschickt, in Plastik und Aluminium gewickelt, zu Billigstpreisen angeboten oder gar vernichtet. Bedenkt man, dass die Hälfte aller produzierten Lebensmittel weggeworfen wird, begreift man das Dilemma und die Konsequenzen, die das für die ganze Welt hat. Wie erklären wir das den hungernden Menschen in Entwicklungsländern? Wir kaufen Lebensmittel billig wie noch nie, aber irgendjemand zahlt den Preis für diesen verschwenderischen Umgang mit Ressourcen. Es sind die unterbezahlten, ausgebeuteten Arbeiter*innen, die Tiere, die ein qualvolles Leben ohne Sonnenlicht und vollgestopft mit Antibiotika fristen, und ganz entscheidend die Natur vor Ort. In Billiglohnländern sind die Auflagen für den Umweltschutz gering bis nicht vorhanden. Eine Rückbesinnung auf regional erzeugte Lebensmittel, am besten noch in Bioqualität, ist von essenzieller Bedeutung für unseren gesamten Planeten, für Umweltschutz und Klima. Und jetzt ist die Zeit gekommen, dass jede*r sich seiner Verantwortung stellt.

Welche Firmen unterstütze ich mit meiner Finanzkraft, wenn ich Lebensmittel kaufe?

Eine Frage, die man sich eigentlich bei jedem Einkauf stellen müsste. Unterstütze ich überwiegend große Konzerne, die mit ihrer Macht diese Zustände weiter verschlimmern, oder unterstütze ich regionale Produzenten und Betriebe, die eine ökologische Vielfalt fördern und einen Schritt in die richtige Richtung bedeuten? Wir alle müssen unseren Teil dazu beitragen, für eine Zukunft mit Schmetterlingen in der Luft und Kornblumen am Ackerrand.

Natur im Garten

Die einfachste Art, regional und ökologisch einzukaufen, bietet der grüne Supermarkt direkt vor unserer Haustür – und das auch noch umsonst!

Welch großen Luxus es bedeutet, sich daran spontan zu bedienen, wurde mir erst wieder bewusst, als ich nach 20 Jahren Stadtleben in Hamburg auf St. Pauli zurück in meine Heimat kam. Endlich wieder mehr Natur in meinem Leben zu haben, war damals mein Ansinnen. Durch einen glücklichen Zufall, manche nennen es auch Schicksal, landete ich auf dem schönen Koiserhof im Kochergarten bei Abtsgmünd. Plötzlich wieder alles da, ich musste nur kurz vor die Tür und schon ging es los: hier ein paar Blättchen Knoblauchsrauke aufs Brot, da zwei Handvoll Löwenzahn in den Salat, Gänseblümchen als Deko. Ich konnte verschwenderisch darauf zurückgreifen, was um mich herum reichlich zur Verfügung stand. Meine kleinen grünen Freunde, die Wildkräuter, waren wieder bei mir, herrlich! Wie großartig es ist, frisches Grün im Garten pflücken zu können, um damit Gerichte mit Nährstoffen und Geschmack zu versorgen, wissen alle, die gerne Garten- oder Wildkräuter aus dem Garten verwenden. Es geht nicht frischer und nicht regionaler. Natürlich hat auch im ländlichen Raum nicht jeder einen Garten, aber sogar in Balkonkästen oder Pflanzkübeln können Wildkräuter wachsen. So kann Artenvielfalt entstehen, denn nicht nur du freust dich daran, auch die Insekten lieben Wildkräuter, und jede Blüte zählt!

Natur im Garten zu haben, scheint eigentlich selbstverständlich zu sein, aber ist es das wirklich?

Oft sieht man Gartenpflanzen aus allen Ländern, Hybride oder stark überzüchtete Blüten, die so gefüllt sind, dass kein Insekt mehr an den Pollen kommt, oft wird dieser sogar als »Schmutz« weggezüchtet. Ein Beispiel hierfür sind die roten Geranien, eine völlig unnatürliche und nutzlose Pflanze. Beliebt sind heutzutage auch japanisch anmutende Steingärten, in denen vielleicht gerade noch ein attraktives Ziergras oder andere »pflegeleichte« Pflanzen als einzige Lebensformen existieren.

Praktisch, hier gibt es nichts, was abfällt, liegenbleibt oder herumkrabbelt.

Sauber, steril und tot. Hier lebt nichts mehr und das ist durchaus gewollt, aber gleichzeitig auch sehr traurig, vielerorts werden diese sogar von Gemeinden verboten. Hier auf der Schwäbischen Alb flankieren alte Apfelbäume die Landstraßen der Region. Viele haben ein »Gütle« mit schönen alten Apfelbaumsorten und in jedem hausnahen Garten stehen Apfel-, Kirsch- und Zwetschgenbäume, oder besser gesagt standen. Werden die Häuser verkauft oder zieht die nächste Generation ein, werden diese alten Baumbestände meist eliminiert. Denn sie machen nur Dreck und Arbeit, so die Argumentation. Wie schade! Diese alten Raritäten sind doch Teil unserer Kulturlandschaft und könnten mit leckersten Früchten und ihren Zubereitungen einen wichtigen Anteil zur Selbstversorgung beitragen. Wem das zu viel Arbeit ist, der könnte die Früchte doch an helfende Hände weiter verschenken. Auch für unsere Tier- und Insektenwelt sind Obstbäume Nahrung und Nische zugleich. Bienen lieben Obstbäume, Schmetterlinge und Hornissen freuen sich über vergammelndes Obst, das auf dem Boden liegenbleiben darf. Hier können wir ganz einfach die Natur unterstützen. Also öfter mal was liegen lassen, es muss nicht alles perfekt sauber und aufgeräumt sein. Das allein schon unterstützt den Artenerhalt und schont auch die Gärtner*in. Das Insektensterben wird ganz offensichtlich, wenn man nach langer Autoreise keine tote Insekten von der Windschutzscheibe putzen muss. Da ist nichts mehr! Früher musste man alle paar hundert Kilometer die zerschmetterten Insekten räumen, heute bleibt die Scheibe sauber, so einfach ist das erklärt.

Es ist nun wirklich die Zeit gekommen, dass wir Menschen uns in allen Facetten unserer Verantwortung bewusst werden und unseren Beitrag zum Artenerhalt leisten.

Das erfordert ein Umdenken in der Landwirtschaft, bei der Lebensmittelproduktion, beim Einkauf, aber auch im kleinen, privaten Rahmen der Möglichkeiten. Im Garten, vor dem Haus oder sogar auf dem Balkon kann Artenvielfalt entstehen! Essenziell wichtig ist, im Garten wie auf dem Balkon Pflanzen zu setzen, die einen ökologischen Nutzen für Insekten, Vögel und Kleintiere haben. Nistmöglichkeiten, Winterquartiere, Totholzhaufen und Hecken, um ihnen Unterstützung und Nahrungsangebot zu bieten, es gibt so viele Möglichkeiten.

In vielen europäischen Ländern gibt es jetzt die Initiative »kein Mähen im Mai« sowohl für private Grundstücke aber auch für öffentliche Flächen. Nehmen wir uns daran ein Beispiel und machen mit!

Gemüse ist ein Stück Lebenskraft!

Das A und O beim Kochen sind natürlich die guten, ausgewählten Zutaten, und Qualität hat selbstverständlich ihren Preis. Resultierend aus dem Zeitaufwand, der in kleinen und mittelständischen Betrieben proportional zum Ertrag natürlich höher ist, sollten diese Bauern für ihre Arbeit und den Respekt gegenüber dem Land, der Flora und Fauna besser bezahlt werden als bisher. Nur so können gesunde Lebensmittel und eine intakte Natur gewährleistet sein. Das ist nicht zu teuer. Im Gegenteil: Die langfristigen Folgen für die Natur durch Monokultur, Massenproduktion und Massentierhaltung, die eine Ausbeutung von Land und Leuten fördern, kommen wesentlich teurer. Würden da noch die nicht abzuschätzenden Kosten des jahrzehntelangen Raubbaus an der Natur mit auf die Rechnung kommen, wäre der Preis für konventionell angebaute Produkte auch entsprechend teurer, ergo: Bio ist nicht zu teuer, die konventionell produzierten Lebensmittel sind zu billig!

Die Spätfolgen dieser nur auf Gewinnmaximierung ausgerichteten Sichtweise und die Kosten dafür trägt die kommende Generation, die Generation unserer Kinder und Kindeskinder. Das ist das große Dilemma der Landwirtschaft und unserer Zeit. Oft höre ich: »Ja Bio, schön und gut, aber das kann sich ja keine Familie leisten!« Ist das wirklich so? Es gibt Studien zu diesem Thema, die das Gegenteil beweisen (Quelle: Ökoinstitut: Ist gutes Essen wirklich teurer?). Hier wird bestätigt, dass gesundes, unbelastetes Essen mit Schwerpunkt Gemüse viel günstiger ist als eine Masse an scheinbar billig gekauften und plastikverpackten Fertiggerichten.

Und davon gibt es unendlich viele: Knödelmasse in Tüten, Spaghetti Bolognese in Dosen, sogar die Salatsoße kommt aus der Flasche oder dem Päckchen. Mal abgesehen von

dem anfallenden Verpackungsmüll, den zweifelhaften Zusatzstoffen und dem oft minderwertigen Inhalt kommt das bestimmt nicht günstiger als eine schöne Biokiste, von der man einige leckere und vollwertige Gerichte zaubern kann. Natürlich ist der Zeitaufwand etwas größer, als wenn nur die Verpackung aufgerissen werden muss. Aber es schmeckt halt auch viel besser, hat viel mehr Vitamine, Mineralstoffe, wertvolle Pflanzenbegleitstoffe, statt Fett, Zucker und einem Zuviel an Kohlenhydraten.

Selbstverständlich ist das für viele anfangs eine Umstellung, die Zeit, die Gemüse braucht, um geputzt und geschnippelt zu werden. Doch der Mensch ist ein Gewohnheitstier, deshalb stellen wir uns auch schnell um und nutzen die Zeit in Achtsamkeit mit uns selbst oder gemeinsam mit der Familie, mit Freunden als geselligen Moment. Außerdem kochen wir vielleicht gleich mehr und so sparen wir uns die Zeit am nächsten Tag. Oft wertschätzen wir auch viel mehr, was uns Zeit kostet, und für die beteiligten Kinder ist dieser Prozess lehrreicher als so manches Buch. Es macht ihnen Lust auf Zutaten, die sie sonst vielleicht nicht anrühren würden. Leider haben viele Kinder und Jugendlich eine ablehnende Haltung zum Thema Gemüse, weil sie es von zuhause kaum noch kennen. Und wenn schon die Eltern so etwas nicht essen, braucht man sich bei den Kleinen nicht wundern. Aber diese Art der Ernährung hat auf lange Sicht nicht nur den regionalen und ökologischen Vorteil, sie ist eindeutig gesundheitsfördernder, frei nach der Devise »Du bist, was du isst!« setzt sich unser Organismus aus dem zusammen, was wir täglich zu uns nehmen.

Da ich seit vielen Jahrzehnten Vegetarierin bin, habe ich schon einige verstörende Erfahrungen machen müssen, was mir von Köchen in Restaurants als vegetarisches Essen angeboten wurde. Als ich in den 1980er-Jahren damit anfing, war es doch ziemlich schwierig für manche Gastronomen, sich ein Gericht abseits von Beilagen vorzustellen. Ein richtig leckeres, attraktives vegetarisches Gericht mit vollmundigem Geschmack und appetitlicher Optik war unvorstellbar. Manche reagierten auf meine Nachfrage doch ziemlich ungehalten, fast so als ob ich sie beleidigen würde. Heutzutage hat sich das zum Glück geändert. Auf jeder Karte gibt es mindestens zwei Gerichte, die vegetarisch sind. Allerdings können wenige Profiköche damit kulinarisch gesehen umgehen. Meist wird man mit Käse und Sahne überschüttet und der Geschmack dabei vernachlässigt, es scheint, als ob der Koch das vegetarische Essen gar nicht probieren oder abschmecken würde. Das Gemüse ist oftmals grau, verkocht und ausgelaugt. Es scheint wirklich schwierig zu sein, leckere Speisen mit Gemüse zu kochen, deshalb möchte ich mich diesem Thema explizit zuwenden, ich glaube hier gibt es Informationsbedarf!

Meine Rezepte basieren auf Gemüsezubereitungen, viele davon sind sogar vegan. Nicht weil ich mich ausschließlich vegan ernähre, sondern weil ich ein großer Gemüsefan bin und auch niemanden mit den Rezepten ausgrenzen möchte. Auch Menschen mit einer Laktoseintoleranz sind hier genau richtig. Inzwischen geht man davon aus, dass Milchprodukte für viele Menschen unverträglich sind. Vermutlich fördern sie Entzündungen, sodass es für viele hilfreich sein kann, diese ganz zu vermeiden oder nur gelegentlich zu essen.

Natürlich können meine Rezepte mit Fleisch, Fisch, Ei oder Käse ergänzt werden, aber es geht auch ohne. Ökologisch gesehen braucht man für den Anbau von Gemüse viel weniger Fläche, Wasser und Ressourcen zur Weiterverarbeitung, als für tierische Produkte. Deshalb ist ein Mehr an Gemüse auf dem Speiseplan auch ein wichtiger Beitrag zum Umweltschutz, gesünder ist es allemal.

Waren die Erwachsenen einst besorgt um meinen Gesundheitszustand, ist es inzwischen in der Gesellschaft angekommen, dass zu viel Fleisch ungesund ist, mitunter schuld an vielen Zivilisationskrankheiten, und außerdem wird die Verdauung mit Gemüse viel besser geregelt.

Bei meiner Arbeit im Reformhaus mit integriertem Biomarkt staune ich gelegentlich über das Kaufverhalten unserer doch sehr ökologisch interessierten Kundschaft. Die beliebtesten Gemüsesorten sind Paprika, Zucchini und Tomaten, und das ganzjährig. Die saisonalen Gemüsesorten, die im Winter hauptsächlich aus diversen Kohl- und Rübensorten bestehen, werden geflissentlich übersehen. Wie schade ist das denn?! Es gibt so viele alte Gemüsesorten, die immer mehr vom Markt verschwinden. Vielleicht geht aber auch das Wissen um die Zubereitung verloren, oder ist der Aufwand zu hoch? Natürlich muss alles geputzt und geschnippelt werden, und so

wollen manche nur den geputzten, eingefrorenen Rosenkohl, weil ihnen das Putzen zu lange dauert. Unser regionales Wintergemüse ist günstig, gesund und lecker, es wäre ein Verlust, diese stabilen, heimischen Sorten untergehen zu lassen. In den meisten Kohlsorten stecken so viele wertvolle Inhaltsstoffe, dass es sich lohnt, sich damit zu beschäftigen: Ballaststoffe, Mineralien, extrem viel Vitamin C, jede Menge Provitamin A und die enthaltenen Senföle wirken krebsvorbeugend, Antioxidantien schützen die Zellen vor freien Radikalen.

Ein Kopf Spitzkohl scheint unbezwingbar für einen Zweipersonenhaushalt zu sein. Durch seine Vielfältigkeit und seine lange Haltbarkeit kann aber daraus viel entstehen. Vom Krautsalat über die Beigabe in der Pastasoße bis hin zum Gemüseeintopf, so einfach geht gesundes, regionales und die Haushaltskasse schonendes Kochen!

Eine weitere Beobachtung ist, dass alle den perfekten Apfel, die perfekte Avocado wollen und so wird jede einzelne Frucht einer ausführlichen optischen wie haptischen Prüfung unterzogen. Es wird gedrückt und umgegraben auf der Suche nach Perfektion. Die perfektionierte Natur mal wieder. Einheitsgurken in Länge, Dicke und Farbe. Tomaten rot, rund mit extra dicker Haut, um sie robust zu machen. Äpfel ohne Wurm, ohne Flecken und genormt in Größe und Aussehen. Alles was sich von der Norm abhebt, wird aussortiert und oft sogar vernichtet.

Die Auslese beginnt schon im Vorfeld. Von einer Vielzahl verschiedener Karottensorten blieb nur die bekannte orange Form übrig. Ein Verlust an alten Sorten ist oft unwiederbringlich. Zum Glück finden sich jetzt buntgefärbte Sorten, von weißen, gelben oder purpurlila Karotten auf kreativen Tellern wieder. Schön wäre, wenn die Vielfalt durch den gezielten Kauf unterstützt werden würde, ebenso wie die Sonderlinge. Krumme Gurken, Äpfel mit Sommersprossen oder Karotten mit Beinchen schmecken genauso gut! Hier bestimmt mal wieder die Nachfrage das Angebot und das ist unter anderem entscheidend für die Vernichtung von Lebensmitteln.

Gemüse kann richtig zubereitet köstlich sein. Regionale und saisonale Gemüsesorten im Speiseplan sind nicht nur nachhaltig und gesund, man unterstützt durch den Kauf auch die Produzenten aus der Region. Mit Wirsing, Steckrübe und Co. lässt sich so viel anfangen. Welche Köstlichkeiten daraus mit einfachen Mitteln gemacht werden können, möchte ich in diesem Kochbuch aufzeigen.

Lass dich darauf ein, mit mir zurück zu unseren Wurzeln und Knollen zu gehen, heimische Früchte und Beeren zu pflücken, Nüsse und Samen zu verarbeiten, Pilze zu sammeln und wildwachsende Kräuter zu essen, die vor deiner Haustüre stehen und nur darauf warten, wiederentdeckt zu werden!

Vom richtigen Würzen

Grundvoraussetzung für eine leckere, vitalstoffreiche Küche sind gesunde, schadstoffarme und regionale Zutaten, eine liebevolle Zubereitung, die auch eine ansprechende Optik einschließt und vor allem das »Gewisse Etwas«, das auch einem einfachen Gericht eine delikate Note geben kann: das richtige Würzen!

Ich kann den Gedanken nachvollziehen, den natürlichen Geschmack des Gemüses nicht verfremden zu wollen und deshalb nur minimal Salz und am besten sonst nichts zu verwenden. Aber andererseits kann durch ein kleines bisschen Raffinesse der Genussfaktor um ein Vielfaches potenziert werden. Früher hieß es, zu viele Gewürze machen eine schlechte Haut und sind eher schädlich. Doch heutzutage werden Gewürze auch im europäischen Raum als das betrachtet, was sie sind: Geschmacksbringer und Heilmittel zugleich! Ähnlich wie bei den Heilkräutern hat jedes Gewürz eine Vielzahl von Inhaltsstoffen, die verdauungsfördernd, entzündungshemmend oder antibiotisch wirken, und so über dennoch genussvolles Essen bei Verdauungsbeschwerden helfen, Entzündungen oder Begleiterscheinungen von Krankheiten lindern und unseren Körper unterstützen. Ein weiterer Vorteil von Gewürzen und Kräutern besteht darin, dass wir Salz sparen oder dadurch sogar komplett ersetzen können!

Allerdings lohnt sich beim Einkauf von Gewürzen auch der Blick auf das Biosiegel, denn hier werden im konventionellen Bereich gerne Herbizide, Insektizide und Fungizide eingesetzt, um die wertvolle Ernte nicht zu verlieren. Oft werden dabei mehrmals diese Chemikalien auf Pflanzen und gereifte Samen aufgesprüht, Gifte die niemand braucht, geschweige denn dass jemand sein Essen damit verfeinern möchte.

Gewürzsalze oder Gewürzmischungen aus Kräutern verfeinern das Aroma von Speisen, zaubern ein ganz besonderes Bouquet an Duft und Geschmack und ersetzen so gerne ein Zuviel an Salz mit ihrer natürlichen Würzigkeit. Dieses sogenannte »Umami«, japanisch für »Schmackhaftigkeit«, entsteht auch beim Kochen einer Gemüsebrühe. Es signalisiert unserem Körper, dass sich in der Nahrung Proteine und wichtige Aminosäuren befinden und definiert einen wohligen, rundum würzigen Geschmack. Dieser wird auf den Geschmacksknospen der Zunge registriert und ergänzt unsere Geschmackswahrnehmung neben salzig, süß, sauer und bitter, auf vollmundig würzig und befriedigt uns dabei extrem. Die Beigabe von verschiedenen Gemüsen ins Essen lässt diesen runden Geschmack entstehen und kann ebenso als getrocknete Gemüseflocken, die aus Resten gemacht werden, eine Gemüsebrühe oder Würze ersetzen. Die Geschmacksknospen in Stimmung bringen, durch vollmundiges Würzen, macht glücklich und zufrieden. Das kann schon bei Kartoffeln mit einem schönen Kräuterquark geschehen …

Öle und Fette

Warum schmecken uns eigentlich immer die Sachen am besten, die die meisten Kalorien haben?

Unsere Geschmacksknospen auf der Zunge haben neben den bekannten Rezeptoren für süß, sauer, salzig, bitter auch den neu entdeckten und bereits erwähnten Rezeptor Umami. Nicht ganz unumstritten ist die Vermutung, dass sich auf der Zunge ebenfalls Rezeptoren für Fette befinden, Fett als solches aber nicht geschmacklich erfasst wird. Wahrscheinlich werden nur freie Fettsäuren registriert, die uns zielgerecht zu kalorienreicher Nahrung leiten. Eine Tatsache, die manche als fies empfinden, die aber aus Sicht der Evolution durchaus Sinn ergibt, denn sie garantiert wertvolle Depotmöglichkeiten für die mageren Wintermonate.

Fette sind nicht nur energiereich, geschmackvoll, sondern vor allem imstande die fettlöslichen Vitamine E, D, K, A in den Körper zu transportieren. Altbekanntes Beispiel hierfür ist die obligatorische Karotte zum Butterbrot. Die Fette in der Butter helfen unserem Körper, die fettlöslichen Vitamine wie das Provitamin A, das Karotin aufzunehmen und anschließend im Körper zu Vitamin A umzuwandeln. Fette sind im Körper für verschiedene Transport- und Zellbildungsprozesse zuständig. Sie steuern den Fettstoffwechsel und sind maßgeblich am Hormonaufbau beteiligt. Wichtig ist es nur, die richtigen Fette und Öle auszuwählen und die »schlechten« Fette, wie überraffinierte Speiseöle und Transfettsäuren, durch gute, naturbelassene auszutauschen.

Wir können zum Glück auf eine Vielzahl von verschiedenen tierischen und pflanzlichen Fetten und Ölen zugreifen, die mit unterschiedlichen Fettsäuren und interessanten Begleitstoffen sowie ihren einzigartigen Geschmacksrichtungen unsere Speisen ergänzen. Allerdings stehen die tierischen Fette unter Verdacht, unseren Fettstoffwechsel negativ zu beeinflussen, den Blutfettspiegel zu erhöhen und durch Ablagerungen in den Gefäßen Herz-Kreislauf-Probleme zu verursachen, im schlimmsten Fall das Risiko für Schlaganfall und Herzinfarkt zu erhöhen. Hochwertige Speiseöle mit vielen Omega-3-Fettsäuren dagegen können wiederum einen positiven Einfluss auf den Fettstoffwechsel haben. Sie verbessern die Fließeigenschaft des Blutes, schützen die Zellwände und können Entzündungen hemmen. Diese mehrfach ungesättigten Fettsäuren sind beispielsweise in Leinöl, Leindotteröl, Hanföl, in Fisch und in Nüssen enthalten. Sie werden allerdings bei Hitze zerstört und verderben schnell, da sie sehr antioxidativ sind und mit dem Sauerstoff in der Luft reagieren. Am besten werden sie deshalb kalt verwendet im Müsli, im Salatdressing, in Dips, dem Smoothie, oder am Schluss über gekochtes aber nicht mehr heißes Essen gegeben.

Es wundert mich, dass in die klassische Salatsoße oft das billigste, heiß gepresste Sonnenblumenöl ohne Geschmack gegeben wird. Da ist nichts von besonderer Bedeutung drin und auch geschmacklich eine totale Fehlanzeige! Wie schade, gibt es doch so viele Variationsmöglichkeiten, zum Beispiel ein kräftiges Olivenöl, ein lecker nussiges Walnussöl, Senföl, Hanföl oder Leinöl. So wird jeder Salat zu etwas ganz Besonderem und durch die Inhaltsstoffe wertvoll und heilsam für den ganzen Organismus. Zum Anbraten nimmt man besser Speiseöl, das schonend über Wasserdampf desodoriert wird. Hier werden Pflanzenbegleitstoffe herausgeklärt, um eine bessere Hitzestabilität zu gewährleisten. Sie werden oft als Brat- und Backöle bezeichnet. Hitzeverträglich sind ansonsten Rapsöl, Ghee (geklärtes Butterfett), Sesamöl geröstet, natives Olivenöl oder auch das milde Kokosöl. Diese können ebenfalls wesentlich zum gesamten Geschmacksbild beitragen und der Küche eine authentische Basis geben. Ein Pesto mit einem guten, nativen Olivenöl schmeckt natürlich besser als mit einem billigen stark verarbeiteten Sonnenblumenöl. Hier fehlt einfach der so typische mediterrane Geschmack. Oder die asiatische Küche, sie schmeckt wirklich asiatisch, wenn wir unser Gemüse mit geröstetem Sesamöl mit etwas Knoblauch und Ingwer anbraten, dann zaubern wir dieses typische Garküchenaroma.

Wildkräuter und Blüten konservieren

Wer Wildkräuter und Blüten sammelt, verarbeitet sie meistens frisch, trocknet aber auch stets einen Teil, denn so kann das ganze Jahr von den Vorräten gezehrt werden. Kräuter und Blüten werden für Tee gesammelt, Wildkräuter in Öl zu Pesto oder Kräuteröl verarbeitet. Das Aroma der Wiese lässt sich in Salz oder auch Zucker bis in den Winter hinein konservieren. Die Haltbarmachung von Wildpflanzen lohnt sich, um fürs ganze Jahr versorgt zu sein. Das Glück, auch in der kalten Jahreszeit stets den Duft der Wiese in der Nase zu haben oder die Blüten in der Teetasse zu schmecken, ist den Einsatz auf jeden Fall wert.

Am einfachsten ist es für den Anfang, sich Gläser mit Teemischungen anzulegen, zum Beispiel einen Erkältungstee, einen Magen-Darm-Tee und ein oder zwei Haustees für jeden Tag. An die Gläser kommt ein Papieretikett, auf dem festgehalten wird, was und wie viel wo drin ist und wann es gesammelt wurde. So kann man seine Teemischung Jahr für Jahr wieder erstellen, oder falls nötig geschmacklich optimieren. Zum Lagern empfehlen sich Gläser mit Aromaverschluss, am besten in dunkle Gläser gefüllt oder dunkel gestellt.

Kräuter sollten warm, trocken und dunkel getrocknet werden. Trocken sind sie erst wenn sie rascheln und sich leicht zerreiben lassen. Am schonendsten wäre das auf dem Dachboden, oder auf einem Leintuch liegend, zum Beispiel auf einem Wäscheständer. Bitte nicht im Ofen trocknen, hier geht nicht nur die schöne Farbe, sondern auch Geschmack und Inhaltsstoffe verloren. Ein Dörrautomat hat dagegen eine Temperaturregelung und man kann hier die Kräuter unter 42 °C schonend trocknen. Die wohl bekannteste Methode ist das Aufhängen von Kräutersträußchen, früher wurden sogenannte Kräuterbuschen gebunden, eine Art Hausapotheke, die für jedes Zipperlein ein Kraut enthielt.

Bitte nur das Sammeln, was auch verbraucht wird! Ein richtiges Maß dafür entwickelt man mit der Zeit, was habe ich wieviel gebraucht, wovon hatte ich letztes Jahr zu wenig? Das sind Erfahrungswerte, die jede*r individuell erlangt.

Neben dem Trocknen gibt es natürlich noch viele andere Möglichkeiten der Konservierung. Nachfolgend habe ich die geläufigsten aufgelistet.

Blüten-/Kräutersirup

Eine schöne und einfache Methode, das Aroma von Blüten und Kräutern einzufangen, ist es, daraus Sirupe zu machen. Damit können dann ganzjährig, als schöner Gruß vom Frühling oder Sommer, Speisen oder Getränke aromatisiert und beduftet werden. Rosenblüten, Holunderblüten, Löwenzahnblüten oder Kräuter werden mit vorher abgekochtem, heißen Wasser übergossen oder auch kalt über Nacht angesetzt. Am nächsten Tag dann durch ein Tuch abgeseiht und durch das Aufkochen mit Rohrzucker konserviert. Das Ganze gleicht dann einem Sirup und mit der Zugabe von etwas Apfelpektin kann daraus auch ein Gelee, zum Beispiel Holunderblütengelee, entstehen.

Zur Herstellung von Sirup aus Kräutern und Blüten könnt ihr folgendes Grundrezept nehmen.

Zum Beispiel: Holunderblütensirup

Drei Liter Wasser und den Saft von sechs Zitronen zum Kochen bringen, dann ausschalten.

Eine große Schüssel komplett geöffnete Holunderblüten mit einer Schere von den Stängeln schneiden oder von Hand abzupfen und dann in das noch heiße Wasser geben. Über Nacht ziehen lassen, um den Geschmack komplett auszuziehen. Am nächsten Tag in einem mit dünnem Stoff ausgelegten Sieb abseihen. Der Stoff kann auch doppelt gelegt sein, um die Trübstoffe wie zum Beispiel Pollen auszufiltern. Die Flüssigkeit wird nun wieder mit zwei Kilogramm Rohrzucker erhitzt. Ab und an rühren, damit er sich gut auflösen kann. Gleichzeitig sterilisiere ich immer die Glasflaschen im Backofen bei 100 °C für circa 15 Minuten und die Deckel in kochendem Wasser. Hat der Sirup gekocht, fülle ich ihn in die sterilisierten Flaschen. Der Sirup eignet sich hervorragend, um Limonaden, Cocktails, Eis und Desserts zu aromatisieren.

Zum Beispiel Sekt auf Rosensirup mit frischen Rosenblättern, der eleganteste Aperitif wenn die Mädels kommen.

Holunderblütensirup bringt ein blumiges Aroma in Dessertcremes oder Eis.

Löwenzahnsirup süßt Gebäck, wie zum Beispiel Löwenzahnkekse oder Kuchen und im Müsli kann er als vegane Honigalternative verwendet werden.

Blütenzucker

Duftige Blüten wie zum Beispiel Flieder, Holunderblüten, Veilchen oder andere essbare Blüten werden zusammen mit dem Zucker im Mörser oder der Küchenmaschine zerkleinert und miteinander vermischt. Ich mische die Zutaten hierfür gerne frisch, denn dadurch löst sich der Saft, das Aroma, die Farbe der Pflanze und geht in den Zucker über. Anschließend an einem dunklen, warmen Ort trocknen und immer wieder mal umrühren, damit es nicht klumpt. Ideal ist dafür ein Dörrautomat, weil hier die Temperatur auch im niedrigen Bereich (30–40 °C) gut eingestellt werden kann, ebenso die Trockenzeit. Es können auch ganze Blüten erst mit Eiklar oder Leinsamengel bestrichen, dann mit Kristall- oder Puderzucker bestäubt werden und anschließend als Dekoration, zum Beispiel für Kuchen, verwendet werden. Hier kann man wundervolle Geschenkideen zaubern und seine Kreativität mit verschiedenen Blüten, Früchten und auch Gemüse wie zum Beispiel Rotkohl ausleben.

Zum Beispiel:
Madesüß-Limonenzucker
Rotkraut-Lavendelzucker
Gezuckerte Veilchen oder ganze Rosenblüten

Kräuter-/Blütensalze

Eigentlich gilt für Kräutersalz das gleiche wie für Blütenzucker. Manche trocknen die Kräuter zuerst. Ich finde es besser, alle Kräuter und Blüten frisch mit dem Salz zu vermengen. Denn der Pflanzensaft sowie das Aroma werden direkt von den Salzkristallen aufgenommen und liegt nicht nur, wie bei getrockneten Kräutern, drumherum. Die Oxidation der Farbpigmente wird außerdem im Salz verhindert, deshalb ist die Farbe dann auch schöner. Je mehr Kräuter du nimmst, desto intensiver wird der Geschmack und die Farbe.

Eine Tasse Steinsalz auf fünf Tassen klein geschnittene Wildkräuter/Blüten im Mörser verkleinern, bis alle Pflanzenteile klein und aufgelöst sind. Wer möchte, kann mit Knoblauch, Zwiebel, Ingwer oder Chili ergänzen. Ebenso wie beim Blütenzucker schonend trocknen, immer wieder mal aufmischen, nicht im Ofen bei zu hohen Temperaturen, hier leiden Geschmack und Aussehen!

Besonders hübsch sehen jetzt zusätzlich bunte Blütenblätter darin aus, hier kannst du wieder kreativ werden!

Kräuterwürzmischungen

Kräutermischungen ergänzen auf schmackhafte Weise unsere Speisen. Dadurch helfen sie uns, Salz einzusparen und bereichern unseren Speiseplan gleichzeitig mit Aroma, Duft und ihren wertvollen Pflanzenbegleitstoffen.

Für einen Salatkräutermix sammelst du zum Beispiel Gundermann, Knoblauchrauke, Bärlauch, Löwenzahn, Giersch, Gänseblümchen und Minze im Frühling. Fein mit dem Wiegemesser rebeln oder mit einer Schere schneiden. Ergänze sie mit bunten Blütenblättern von Ringelblume, Rose und Kornblume und du hast das schönste Wildkräuterdressing, das dich ganzjährig glücklich machen kann.

Eine selbstgemachte Gemüsebrühe ist eine wertvolle Möglichkeit, Gemüsereste wie Karotte, Sellerie, Pastinake, Lauch zu verwerten. Dazu werden sie klein geschnitten und getrocknet. Vermengt werden sie zum Beispiel mit Bärlauch, Petersilie, Brennnessel, Giersch oder wildem Dost. Diese Gemüsebrühe ist fast umsonst und geschmacklich nicht zu übertreffen.

Ähnlich geht auch der Waldpilzmix. Waldpilze, oder auch Champignons, Shitake, Austernseitlinge klein schneiden, trocknen und gemischt mit wildem Dost, Beifuß, Giersch, ebenfalls getrocknet und gerebelt. Dieser Mix passt in Pilzgerichte, in veganes Gulasch, in Kombination mit Kohl wird daraus ein leckerer Eintopf oder eine Pastasauce.

Pestos

Kräuter lassen sich super in Öl konservieren, stark verdünnt und durchs Sieb gedrückt als Kräuteröl oder konzentriert und kleingehackt als Pesto. Ob Wildkräutermix oder Kräuterduo, jedes Kraut für sich ganz pur, mit Nüssen oder Kernen, mit Olivenöl oder Sesamöl, es gibt auf jeden Fall eine Geschmacksexplosion und unbegrenzte Möglichkeiten. Grundsätzlich sollten die Kräuter mit dem Öl bedeckt sein und dann ganz fein zerkleinert werden, um das Aroma hervorzulocken.

Hier meine Vorschläge:
Giersch/Minze/Sonnenblumenkerne/Olivenöl
Brennnessel/Kürbiskerne/Hanföl
oder
Gundermann/Wiesenlabkraut/Haselnüsse/Sesamöl

Natürlich kannst du auch geriebenen Parmesan dazugeben, dadurch verkürzt sich aber erheblich die Haltbarkeit! Die Pestos werden am Schluss mit Salz abgeschmeckt. Chili oder andere Pfefferarten können eine schöne Ergänzung sein. Wer möchte, kann natürlich Knoblauch dazugeben. Das Pesto am Schluss in ein steriles Glas füllen und mit reichlich Öl bedecken. Das verhindert die Oxidation und ist so einige Monate haltbar. Beschriften aber nicht vergessen! Denn nach einer Weile sind alle Katzen grün und niemand kann mehr erkennen, um was es sich handelt und so bleibt es gerne mal in der Speisekammer stehen ...

Kräuteressig

Eine meiner Lieblingsmethoden der Konservierung von Kräutern, Blüten und Früchten ist es, damit selbstgemachten Apfelessig zu aromatisieren. Das sieht einfach toll aus, ist wirklich schnell und einfach zu machen und auch ein wunderschönes Geschenk Marke Eigenbau. Natürlich kannst du auch hier wieder die Kreativität spielen lassen, ergänzend mit Knoblauch, buntem Pfeffer oder Senfsaat kommt Leben in das Fläschchen. Essige, in denen Kräuter oder Blüten konserviert werden, schmecken nicht nur aromatisch nach den verwendeten Pflanzenteilen, sie geben auch ihre wertvollen Wirkstoffe in das gelöste Medium, hier den Essig, ab. Sie können wie eine Tinktur verwendet werden, zum Beispiel für Menschen, die keinen Alkohol mögen oder trinken dürfen, ist das eine wichtige Alternative.

Ich setze gerne Essig mit den Blüten der Kapuzinerkresse an, eine antibiotische Tinktur, die hilfreich bei Infekten der Atmungsorgane oder der Harnwege ist und außerdem sehr gut schmeckt. Da ich den Essig nur mit den Blüten ansetze, hat er nachher eine schöne rote Farbe. Dazu einfach die Blüten/Kräuter klein schneiden, mit reichlich Essig begossen in einem Schraubglas ansetzen und circa drei Wochen stehenlassen. Abfiltern und in dunkle Fläschchen füllen.

Kräuteröle

Kräuter können als Öle angesetzt für Speisen zum Würzen, aber auch für Heilanwendungen, zum Beispiel zum Einreiben, genommen werden. Ein Klassiker für gereizte, verbrannte Haut ist das Rotöl, welches aus den Blüten des Johanniskrauts gewonnen wird. Die Blüten werden vom Stängel gezupft, mit einem Bio-Olivenöl komplett übergossen und vier Wochen in die Sonne gestellt, bis das Öl eine wunderschöne, rote Farbe hat. Zur äußerlichen Anwendung bei Verspannungen ist dieses Öl ein Segen!

Die mit Kräutern angesetzten Öle können als Grundlage zur Salbenherstellung verwendet werden, zum Beispiel hat Spitzwegerichöl antiseptische und beruhigende Eigenschaften, als Salbe lässt es sich besser auftragen.

Toll sehen essbare Kräuter und Blüten in einer schönen Flasche mit gutem Öl angesetzt aus. Sie sollten dabei stets mit reichlich Öl abgedeckt sein, um Schimmelbildung zu vermeiden und müssen nach circa vier Wochen Auszugszeit unbedingt gefiltert werden, sonst kann es schon mal zur Gärung inklusive unerwünschter Explosion kommen.

Ein aromatisches Kräuterölrezept wäre zum Beispiel mit wildem Dost, Steinklee, Chili, Zitronenschalen und Knoblauch. Sofort hast du ein tolles Grillöl zum Marinieren oder Einpinseln, hier kannst du wieder richtig erfinderisch werden und theoretisch alles reinmachen, was der Spaziergang durch den Garten und das Gewürzregal hergibt.

Kräuterlikör

Auch hier kann sich deine Phantasie voll entfalten. Für den Likör kannst du Kräuter aussuchen, die in deinem Garten wachsen, denen du in freier Flur begegnest oder die dir zu Füßen fallen. Ich kombiniere gerne mit Früchten oder Schalen von Zitrusfrüchten (natürlich in Bio-Qualität), um einen vollmundigen Geschmack zu erzeugen, es geht aber auch nur mit Kräutern. Ein Magenwohl-Likör mit Schafgarbe, Minze, Melisse kann ergänzt werden mit den Bitterstoffen aus der Löwenzahnwurzel oder Wermut. Auf einen Liter Likör nehme ich allerdings nur einen Zweig Wermut oder zwei Wurzeln vom Löwenzahn. Ich gebe die Zutaten (circa ein Teil Kraut auf drei Teile Alkohol) in ein großes Glas mit Schraubverschluss, wichtig ist auch hier, dass alle Zutaten locker geschichtet und gut mit Alkohol bedeckt sind. Dazu passende Zutaten wären Eberraute (Colastrauch), Wilder Dost, Wurzel vom Fingerkraut oder Gänsefingerkraut.

Tinktur

Eine Tinktur ist ein alkoholischer Auszug, der nicht gesüßt und nur in kleinen Dosen eingenommen wird. Auszüge aus Wurzeln sollten in mindestens 70 Prozent Alkohol angesetzt werden, Blüten und Blätter können aber leicht in handelsüblichem Alkohol ausgezogen werden.

Ein einfaches Beispiel ist die Spitzwegerichtinktur. Spitzwegerich wird klein geschnitten und mit Wodka und Korn angesetzt. Circa ein Teil Pflanze auf zwei Teile Alkohol, die Pflanzen müssen auf jeden Fall komplett mit Flüssigkeit bedeckt sein! Nach vier Wochen die Pflanzenteile durch einen Kaffee- oder Teepapierfilter abfiltern und die dunkelgrüne Flüssigkeit dann in dunkle Fläschchen oder einen Roll-On füllen. Die beste Art und Weise, Stichen zu begegnen!

Kräuterpulver

Eine ganz famose Art, die wertvollen Inhaltsstoffe der Wildkräuter zu konservieren, ist das Pulverisieren. Wildkräuter werden schonend getrocknet, dann fein vermahlen und können so als Nahrungsergänzung das ganze Jahr durchgehend genommen werden. Zum Beispiel ist der Ackerschachtelhalm sehr zäh und sandig zu essen, als Tee werden die Inhaltsstoffe, wie die enthaltene Kieselsäure zum Beispiel, nur zum Teil gelöst. Als Pulver können wir den Ackerschachtelhalm vielseitig verwenden und von der enormen Bioverfügbarkeit der pflanzlichen Kieselsäure profitieren! Hier kann aber auch je nach Bedarf persönlichen Bedürfnissen entsprochen werden, zum Beispiel mit Brennnessel, Giersch und Ackerschachtelhalm zur Unterstützung bei Rheuma und Arthrose.

Kräuterkissen

Duftige Kissen sind nicht nur eine schöne Geschenkidee, sondern auch eine weitere Verwendung, um Kräuter ganzjährig zu genießen. Früher gab es sogenanntes »Liebfrauenstroh«, Kräuter, die den Frauen zur Geburt, für die Zeit danach oder bei Krankheit ins Bettstroh gelegt wurden. Das waren Cumarinhaltige, entspannende Kräuter wie Labkraut, aber auch desinfizierende Kräuter wie zum Beispiel Thymian. Geeignet dafür sind Mariengras, Lavendel, Rosenblätter, Melisse, Waldmeister, Gundermann oder Wilder Dost.

Bei so vielen Möglichkeiten kann nicht alles detailliert hier im Buch beschrieben werden. Es sind Beispiele, die du ausprobieren und nach deinem Gusto verändern und variieren kannst. Genauso verhält es sich auch mit den nachfolgenden Rezepten. Verwende ich zum Beispiel Brombeeressig und du hast nur Apfelessig, dann kannst du natürlich auch diesen nehmen. Nehme ich Quittensenf, nimm einfach einen anderen Senf oder mische noch zusätzlich etwas Fruchtiges in den Salat.

Die Botschaft lautet: Sei kreativ und probiere neue Lebensmittel, Geschmäcker und Kombinationen aus! In der fantastischen Welt der Wildpflanzen lässt sich unendlich viel Neues entdecken, was deine Geschmacksknospen in Verzückung bringen wird und dich mit dem Besten versorgen wird, was Mutter Natur in petto hat.

Bist du bereit für die »Wilde Hexenküche der Ostalb«? Wir starten im Frühling …

Frühling

Gründonnerstagssüppchen

Dieser uralte Brauch stammt aus einer Zeit, lange bevor das Christentum existierte. Seit Anbeginn der Menschenzeiten wird dem Frühlingsgrün eine magische Bedeutung zugemessen, denn nach den Entbehrungen des Winters war es existentiell, sich mit den Vitalstoffen der Pflanzen zu versorgen, zum Beispiel mit Vitamin C. Die Verwendung einer bestimmten Zahl an Wildkräutern wie zum Beispiel sieben oder neun, bezog sich auf die Heiligkeit bestimmter Zahlen, die nicht nur in der christlichen Mythologie verwendet wurden. Ob mit sieben oder neunen, Hauptsache viele der lecker schmeckenden Wildkräuter sind drin! Nach den Entbehrungen des Winters stärkt sie uns mit all dem, was wir so dringend brauchen. Wahrscheinlich, so glaube ich, war Miraculix' Zaubertrank in Wirklichkeit eine Neun-Kräuter-Suppe.

ZUTATEN

Zubereitung: 30 Minuten

4 große Kartoffeln, mehligkochend

1 große weiße Zwiebel

2 Liter Wasser

Gemüsebrühe

4 EL Rapsöl

Salz, Pfeffer

1 Salatschüssel gefüllt mit diversen Wildkräutern wie zum Beispiel:

Schafgarbe, Sauerampfer, Giersch, Brennnessel, Vogelmiere, Löwenzahn, Spitzwegerich, Knoblauchrauke, Bärlauch und auch das Scharbockskraut, aber nur wenn es noch nicht blüht!

Die Kartoffel und die Zwiebel würfeln, mit 2 Liter Wasser, dem Rapsöl und der Gemüsebrühe weich und sämig kochen.

Süppchen vom Herd nehmen und abkühlen lassen.

Die Wildkräuter grob schneiden, gegebenenfalls von den zähen Stängeln zupfen und dann in die nicht mehr zu heiße Suppe geben und alles zusammen mit dem Pürierstab fein pürieren. Da die Kräuter nicht mehr gekocht werden, bleiben ihre schöne grüne Farbe und alle ihre fantastischen Inhaltsstoffe erhalten.

Mit Salz und Pfeffer abschmecken, wer möchte mit einem Klecks Schmand oder ähnlichem verfeinern und mit Frühlingsblüten und Blättchen garnieren. Lege am Schluss die verwendeten Wildkräuter vorsichtig auf das Süppchen, so kann die ganze Familie wiederholen, was sie über die heimische Wildkräuterlandschaft gelernt hat. Dein Besuch bekommt eine Vorstellung der verwendeten Pflanzen und bei jeder Pflanze ihren Geschmack als Einzelblatt.

TIPP

Scharbockskraut hat seinen Namen von Skorbut, einer Vitamin-C-Mangelkrankheit, die früher öfter, zum Beispiel bei Seeleuten auftauchte. Die ersten Blättchen des Scharbockkrauts waren deshalb als erste Vitamin-C-Quelle des Jahres sehr willkommen. Die Blättchen können aber nur vor der Blüte verspeist werden, später steigt der Anteil des enthaltenen Anemonins an und macht die Pflanze leicht giftig!

Kräuterzopf mit rosa Blütenstreich

Wenn das frische, zarte Grün des Frühlings nach dem langen kargen Winter zurückkommt, ist die Freude groß. Duftende Blüten, vitalisierendes Grün, Essen in Hülle und Fülle, das ist seit jeher der beste Grund zum Feiern! Vom Fest der Morgenröte bis zum eierlegenden Osterhasen war es ein langer Weg. Einig sind sich aber alle Kulturen darin, dass der Frühling die Jahreszeit der Fruchtbarkeit und Fülle ist.

Dieser hübsche Hefezopf schmückt jede feierliche Tafel und mit der rosa Streichcreme wird das Osterbüffet bestimmt zum Hingucker.

ZUTATEN **Zubereitung:** 90 Minuten

500 g Dinkelmehl

20 g Hefe (trocken oder frisch)

220 ml Wasser

1 Salatschüssel Wildkräuter (z.B. Wiesenlabkraut, Bärlauch, Giersch, Brennnessel, Gundermann)

Wachteleier oder gefärbte Eier zum Dekorieren

½ TL Zucker

2 TL Salz

Hefe mit einer Tasse warmem Wasser, einer Tasse Mehl und dem Zucker zu einem Vorteig anrühren. Die Schüssel 15 Minuten abgedeckt an einen warmen Ort, z.B. in die Sonne oder in einen beheizten Raum stellen. Die Wildkräuter kleinhexeln, zum Beispiel mit dem Wiegemesser oder der Küchenmaschine. Anschließend in den Vorteig geben, zusammen mit Salz und dem restlichen Mehl verkneten, bis alles schön grün geworden ist. Nochmals 15 Minuten warm gestellt gehen lassen.

Backofen derweil auf 220 °C vorheizen.

Den Teig mit Hilfe von etwas Mehl zu einer langen Stange rollen, dann in drei Teile schneiden. Diese wieder rollen, daraus drei Teigstangen formen und auf dem bemehlten Backblech zum Zopf flechten. Die Enden zusammendrücken und nach unten einschlagen. Wenn du möchtest, kannst du jetzt Eier in den geformten Zopf drücken und dann den Zopf im Ofen circa 20–25 Minuten backen. Prüfe mit einem Holzstäbchen, ob der Teig richtig durchgebacken ist.

Ist der Kräuterzopf fertig gebacken, wird er noch heiß mit Milch oder Sojamilch bestrichen und mit Blüten und Kräutern bestreut, du kannst die einzelnen Blüten und Blätter auch ganz, wie Ornamente, mit der Milch aufkleben.

Rosa Blütenstreich mit Rote Bete

150 g Sonnenblumenkerne über Nacht quellen lassen

Saft und Schale einer ½ Bio-Zitrone

1 Knoblauchzehe

½ Chili

½ TL Salz

fein geriebene Rote Bete

essbare Blüten

5 Stängel Gundermann

Alle Zutaten im Blender verhexeln!

Gundermannsenf

Beim Gundermann trennen sich die Geschmäcker, die einen frohlocken ob des besonderen Aromas, die anderen beschimpfen ihn gar als muffig. Wenn du aber seine besondere Note, die an Basilikum oder Minze erinnert, zu schätzen weißt, oder ihn gar verehrst, so wie ich, dann gefällt dir dieses Rezept bestimmt. Falls nicht, kannst du einfach den Gundermann durch ein anderes Kraut ersetzen, zum Beispiel Giersch, Brennnessel oder Knoblauchsrauke. Senf selbst zu machen, ist gar nicht schwer und eine prima Methode, Wildkräuter zu konservieren.

Dieses Grundrezept für Senf lässt sich ganz kreativ nach deinem Belieben, zum Beispiel mit Früchten, Beeren, Chili oder Ingwer variieren. Dazu musst du einfach die Früchte vorher zu Mus verkochen und das Senfmehl in das abgekühlte Mus einarbeiten.

ZUTATEN

Zubereitung: 40 Minuten

Für 8 kleine Gläschen á 120 ml:

250 g Senfmehl (Bioladen, Reformhaus)

300 ml Apfelessig

200 ml Apfelsaft

200 ml Löwenzahnsirup (optional, etwas Süße kommt gut, um die leicht bittere Note des Senfmehls zu neutralisieren, es geht aber auch zuckerfrei!)

30 Stängel Gundermann/Gundelrebe, mit oder ohne Blüten

4 TL Salz

Das Senfmehl mit dem Essig, dem Apfelsaft und dem Löwenzahnsirup rühren, bis sich alle Klümpchen auflösen. Wenn du keinen Löwenzahnsirup hast, kannst du stattdessen natürlich auch jeden anderen Sirup oder echten Honig nehmen. Der Senf ist jetzt noch etwas flüssiger, denn er muss nun erst einmal quellen und den Geschmack der Zutaten aufnehmen und richtig binden. Nun den klein geschnittenen Gundermann, wenn vorhanden auch die abgezupften Blüten, mit der Senfmasse vermischen und salzen. Um die Konsistenz besser einschätzen zu können, kannst du den Senf auch über Nacht ziehen lassen und am nächsten Tag gegebenenfalls mit mehr Flüssigkeit verdünnen. Die perfekte Konsistenz beim Einfüllen ist etwas flüssiger als üblich bei Senf, denn auch im Glas dickt das mit der Zeit weiter ein. Die Gläser können im Ofen bei 80 °C sterilisiert werden. Den Senf nicht in die heißen Gläser füllen, sondern kurz warten, weil die Senföle hitzeempfindlich sind.

TIPP

Die in den Senfkörnern enthaltenen Senfölglycoside wirken antibakteriell, schmerzstillend und durchblutungsfördernd. Diese Eigenschaften werden seit dem Mittelalter medizinisch genutzt, bis heute findet ein Senfbad der Füße bei Erkältung Anwendung. Vermutlich wurde der Senf aber aus Indien, wahrscheinlich von den Römern, über ihre Handelsstraßen eingeführt und für vielerlei Speisen als Würze genommen. Im 17. Jahrhundert entstand der Begriff »zu allem seinen Senf geben müssen«, weil, obwohl Delikatesse, der Senf wohl zu allem gereicht wurde, ob passend oder nicht.

Löwenzahnsalat mit Rote-Bete-Sternchen

Ein paar Blättchen Löwenzahn sollten im Frühling in keinem Salat fehlen! Die im Löwenzahn enthaltenen Bitterstoffe sind für die Leber, den Stoffwechsel und den gesamten Verdauungsapparat mehr als wertvoll. Leider wurden diese Bitterstoffe aus den meisten Salat- und Gemüsesorten weitestgehend weggezüchtet, um ihnen einen milderen Geschmack zu geben, was sehr schade ist und nun von der Leber vermisst wird. Deshalb empfehle ich, in jeden Salat Löwenzahn oder andere Wildkräuter zu geben und so den Wirkstoffgehalt, vor allem mit den fehlenden Bitterstoffen zu ergänzen. In diesem Salätle finden sogar die knackig süßen Stängel des Löwenzahns, natürlich vorher gespalten und in kaltes Wasser gelegt, Verwendung. Mit Rote-Bete-Blümchen, Karotten, Giersch und Knoblauchrauke ist der Salat ein echter Vitaminbooster!

ZUTATEN **Zubereitung:** 35 Minuten

2–3 Handvoll Schillerlocken aus den Löwenzahnblätter, Giersch und Knoblauchrauke

Löwenzahnstängeln

2 Karotten

1 Rote Bete, gekocht

Löwenzahnblüten zur Dekoration

Dressing:

1 TL Löwenzahnsirup

1 TL Quittensenf

2 EL Olivenöl

1 EL Leinöl

2 EL Kräuteressig 7-Wilde

Bärlauchsalz

Die Löwenzahnstängel der Länge nach mehrfach spalten und dann ins kalte Wasser legen, um sie zum Locken zu bringen. 5–10 Minuten schwimmen lassen, bis es perfekte Schillerlocken sind.

Derweil das Dressing in einem Glas mit Deckel wie in einem Cocktailshaker schütteln, so emulgiert alles besonders gut zu einem sämigen Balsamdressing.

Für das Salätle die Löwenzahnblättchen, den Giersch und die Knoblauchrauke in mundgerechte Stücke zupfen, eventuell den unteren Stiel des Löwenzahnblattes abschneiden. Sind die Kräuter staubig oder voller Pollen, werden sie kurz abgespült und dann auf einer Platte oder flachen Schüssel verteilt. Die in Scheibchen geschnittene Rote Bete und die Karotten kannst du mit einem Ausstecher in Blümchenform stanzen, das sieht besonders hübsch aus. Die klein gezupften Blüten streust du über das Salätle, legst die Löwenzahnlocken oben auf und beträufelst dann alles mit dem Dressing.

TIPP

Ein schöner Spaß, nicht nur für Kinder, ist das Herstellen von Löwenzahnschillerlocken. Die Löwenzahnstängel sind übrig, wenn vorher Blüten, zum Beispiel für den Löwenzahnsirup, gesammelt wurden. Dazu eine Schüssel mit kaltem Wasser aufstellen, die mit den Fingern gespaltenen Löwenzahnstängel hineingeben und zuschauen wie sie sich kringeln und ihr silbern glänzendes Innenleben freigeben. Der Nebeneffekt ist, dass dadurch viele Bitterstoffe ins Wasser gelöst werden und die Stängel deshalb nun knackig sind und süßlich schmecken.

HUNTLEY & PALMERS
ENGLISH BISCUITS

Löwenzahnkekse

Der Löwenzahn ist ganz klar ein heimisches Superfood, das nicht nur von der Wurzel bis zur Blüte verwendet werden kann und sehr wertvolle Pflanzenstoffe für uns bereithält, nein, er hat auch ganz aromatische Blüten! Diese kannst du sogar zu Sirup oder veganem Honig verarbeiten und damit deinen Tee süßen. Oder du nutzt dieses honigliche Aroma für Limonade, Liköre, Desserts oder feenhaftes Backwerk und verleihst dadurch deinen Speisen eine ganz besondere Note. In diesem Rezept habe ich Zucker komplett durch Löwenzahnsirup ersetzt und auch die leuchtend gelben Blüten direkt in die Teigmischung gezupft. Mehr Löwenzahnblüten geht nicht, denn auch die Glasur wurde mit dem Löwenzahnsirup angerührt!

ZUTATEN

Zubereitung: 60 Minuten

- 10–15 Blütenköpfe, abgezupft
- 1 Bio-Zitrone, als Saft und Abrieb
- 200 g Dinkelmehl, 630
- 1 TL Backpulver
- 100 g Bio-Margarine
- 100 ml Löwenzahnsirup

Glasur:

- 150 g Puderzucker
- 50 ml Löwenzahnsirup
- Spritzer Zitrone

Die Kekse sind schnell gemacht, deshalb als erstes den Ofen auf 190 °C vorheizen.

Die Blüten werden abgezupft oder mit der Schere vom Blütenboden abgeschnitten. Nicht nur die äußeren Zungenblüten, sondern auch die vielen gelben Röhrenblüten werden natürlich mitverarbeitet, denn wir wollen nichts verschwenden. Der Blütenboden kann gerne in deinen Salat oder deine Gemüsepfanne wandern.

Von der Zitrone mit einem Zestenschneider oder einem feinen Hobel die obere Schicht, also nur das Gelbe, abreiben. Zu den Blüten kommt das Dinkelmehl, das Backpulver und der Zitronenabrieb. Alles vermischen und mit Flocken der warmen Margarine verkneten. Dann kommen die flüssigen Komponenten dazu, bis der Teig eine formbare Masse ergibt. Forme aus einem Esslöffel Teig eine Kugel und drücke sie dann aufs Blech, ich lege immer silikonfreies Backpapier drunter. Wenn das Blech voll ist, schiebe es in den Ofen und bereite das nächste Blech vor.

Die Glasur wird aus gesiebtem Puderzucker und Löwenzahnsirup mit einem Spritzer Zitrone angerührt, dabei rühre die Flüssigkeit in den Puderzucker und nicht anders rum, denn die Konsistenz sollte eher dicker sein.

TIPP

Für den Sirup brauchst du eine große Schüssel Löwenzahnblüten, die mit kochendem Wasser (circa 2 Liter) bedeckt und über Nacht in Ruhe ziehen dürfen. Am nächsten Tag wird abgeseiht und mit einem Liter Orangensaft und 1,5 kg Zucker zu Sirup verkocht. In sterile Flaschen füllen und Beschriften nicht vergessen! Möchtest du eher zähflüssigen Löwenzahnhonig herstellen, erhöhe den Zuckeranteil auf 2:1.

Moccacreme mit Löwenzahnkaffee

Der Löwenzahn ist neben der guten Brennnessel die heimische Superpflanze mit den großartigsten Inhaltsstoffen und dem vollsten Bouquet an Aroma und Geschmack. Sein honigsüßer Blütenkopf kann zu Sirup, Blütenzucker, Likör oder Honig verarbeitet werden, die knackigen Blätter landen in Salat oder Pesto, und sogar die bittere Wurzel kann von uns genutzt und genossen werden.
Die Basis bei diesem Rezept bildet die Zubereitung der Wurzel zu Löwenzahnkaffee, die leckerste Ersatzkaffee-Variante, die es für mich überhaupt gibt! Der Kaffee daraus schmeckt malzig, karamellig, mit einer feinen Bitternote und bringt so alles mit, um auch im Dessert zu glänzen. Die Wurzeln für den Löwenzahnkaffee kannst du das ganze Jahr sammeln, zum Beispiel bei der Gartenarbeit, aber grundsätzlich ist im Herbst Wurzelzeit, also nach der Blüte, wenn sich die Kraft der Pflanze in die Wurzel zurückgezogen hat.

ZUTATEN **Zubereitung:** 60 Min. (ohne Kühlzeiten)

- 200 g Mandeln, geschält
- 200 ml Wasser
- 2 EL Bio-Margarine
- ⅛ l Löwenzahnkaffee
- 5 g Agar-Agar
- 1 Messerspitze Vanille, gemahlen
- 3 EL Maisstärke
- 3 EL Kakaopulver

Die Mandeln werden kurz in einem Topf mit Wasser zum Kochen gebracht, kalt abgeschreckt und so ganz einfach aus ihrer braunen Haut gedrückt. Mit der Margarine und der gleichen Menge an heißem Wasser pürieren, kalt stellen.

Für einen extrastarken Löwenzahnkaffee nimm circa 2 EL von dem grob gemahlenen Pulver und übergieße es mit ⅛ l gekochtem Wasser. Nach 5–10 Minuten umrühren und/oder absieben und erkalten lassen.

In den kalten Kaffee Agar-Agar und die gemahlene Vanille einrühren, dann nochmal kurz aufkochen lassen, bis sich alles richtig aufgelöst hat, abkühlen lassen.

Mandelsahne aus dem Kühlschrank nehmen und mit 3 EL Maisstärke schaumig schlagen und in die nicht mehr warme Kaffeemischung geben. In einem kalten Wasserbad, am besten mit Eiswürfeln cremig aufschlagen. Die Creme sollte mindestens eine Stunde gekühlt werden, bevor du sie mit 2 nassen Esslöffeln zu Nocken formst und auf einem Spiegel aus Kaffee, angedickt mit Kakaopulver, servierst.

TIPP

Beim Jäten im Garten begegnet dir bestimmt oft der Löwenzahn. Anstatt ihn nur auszureißen, kannst du seine Wurzeln zu leckerem Löwenzahnkaffee verarbeiten. Dazu die Wurzeln in einem Eimer mit Wasser geben und mit einer Bürste von der Erde befreien. Anschließend auf einem Tuch abtrocknen, sogleich fein schneiden, bevor du sie dann komplett für ein paar Tage trocknen lässt. In einer Pfanne rösten, bis sie dunkel werden, und anschließend in einem Blender oder einer Kaffeemühle vermahlen.

Wildkräuterknödel mit Bergkäse

Die schwäbische Küche mag es gerne kräftig, deftig und vor allem sattmachend, denn die Landbevölkerung brauchte langanhaltende Kalorienlieferanten mit viel Stärke, wie zum Beispiel Kartoffeln, Spätzle oder auch Knödel, um den harten Tag auf dem Feld zu überstehen. Diese körperliche Schwerstarbeit ist zum Glück heute eine Ausnahmeerscheinung, die deftigen Gerichte sind allerdings die Regel geblieben und machen auch heute noch, in abgewandelter, verschlankter Version, die typisch schwäbische Küche aus. Es gibt Kartoffelknödel, Semmelknödel, Hefeklöse, Brezelknödel oder Serviettenknödel, die, wie der Name schon verrät, in einer Stoffserviette gedämpft werden. Ich muss sagen, ich liebe sie alle! Die Wildkräuterknödel in diesem Rezept sind eine beliebte Beilage, sie können aber in Kombination mit einem schönen Salätle zum Hauptgang werden. Ich serviere sie gerne in Butter geschwenkt und mit ganz viel Bergkäse bestreut, sie munden aber genauso zum Fleisch- oder Pilzgulasch ganz hervorragend.

ZUTATEN

Zubereitung: 90 Minuten

- 4–6 Brötchen vom Vortag
- 400 ml Pflanzendrink
- 4 TL gelbe Leinsamen, gemahlen
- 2 TL Sonnenblumenöl
- 1 TL Salz, etwas Muskat
- 4 Handvoll Wildkräuter der Saison, Bärlauch, Giersch, Knoblauchsrauke
- Margarine oder Butter
- Bergkäse

Die Brötchen vom Vortag erst in 1,5 cm dicke Scheiben und dann in Würfel schneiden. Falls du keine alten Brötchen übrig hast, kannst du auch am gleichen Tag die Brötchen schneiden und in der Sonne oder im Backofen trocknen. In einer Schüssel werden die Brötchen nun mit dem Pflanzendrink, den frisch gemahlenen Leinsamen, dem Öl, Salz und Muskat vermischt und quellen gelassen. Derweil die Wildkräuter von zähen Stängelchen befreien und fein rebeln. Die Wildkräuter gut mit der Knödelmasse vermischen, sodass alles schön verteilt ist.

In einem großen Topf Wasser zum Kochen bringen lassen, die Knödel mit einem Schaumlöffel ins Wasser geben, die Temperatur auf niedrige Stufe stellen. Die Knödel sollen simmern, nicht kochen, sonst zerfallen sie!

Nach etwa 15 Minuten sind die Knödel fertig und steigen an die Oberfläche. Jetzt kommen sofort die Butterflocken und der geriebene Bergkäse darüber, damit alles schön schmilzt.

Mit einem knackig frischen Wildkräutersalätle servieren und genießen!

TIPP

Wer keinen Bergkäse nehmen möchte, kann in der Pfanne Semmelbrösel mit Margarine knusprig goldbraun ausbacken und diese Mischung auf die Knödel geben, das schmeckt mindestens genauso köstlich. Wenn du lieber einen Käsegeschmack generieren möchtest, kannst du mit vermahlenen Mandeln, Hefeflocken und Salz eine ähnliche Komponente herstellen, die sich auch auf Pasta gut macht.

Zinnkrautsprossen mit grünem Spargel

Der Dinosaurier unter den Wildpflanzen ist bestimmt das Zinnkraut, das auch unter dem Namen Ackerschachtelhalm bekannt ist, denn es ist seit Millionen von Jahren perfekt an alle Umstände angepasst und musste sich im Verlauf der Evolution nicht mehr weiterentwickeln. Klassischerweise wird es eher als Teezubereitung getrunken, bei Blasenentzündung wirkt es nämlich antibakteriell. Zinnkraut enthält viel Kieselsäure, die Struktur und Form nicht nur im Pflanzenreich gibt, sondern auch bei uns Menschen in Haut, Bindegewebe und Knochen zu finden ist. Das grüne Zinnkraut ist allerdings deshalb auch ein ziemlich »sandiges« Vergnügen zwischen den Zähnen, viel leckerer schmecken daher die fertilen Sprossen der Pflanze. Diese kannst du sammeln bevor das Grün der Pflanze erscheint und bevor sie anfängt zu stauben und ihre Sporen verteilt. Sie wächst auf lehmigen Böden, schmeckt leicht bitter nach Spargel oder Artischocke.

ZUTATEN

Zubereitung: 45 Minuten

1 Bund grüner Spargel

2–3 Handvoll fertile Sprossen vom Zinnkraut

4 Handvoll Wildkräuter: Löwenzahn, Giersch, Knoblauchsrauke, Sauerampfer

1 kleine rote Zwiebel

Dressing:

3 EL Apfelsaft

2 EL Apfelessig

4 EL Olivenöl nativ

1 EL Leinöl

1 TL Senf, Salz + schwarzer Pfeffer nach Wunsch

Beim grünen Spargel wird nur am unteren Drittel geschält und dann in 3–5 cm lange Stücke geschnitten. Die fertilen Sprossen des Ackerschachtelhalms werden nur vom Stiel gezupft und nicht geschnitten.

In einen Topf mit Salzwasser kommt der Dämpfeinsatz, zuerst werden die Stiele vom grünen Spargel, dann die Köpfe vom Spargel und am Schluss die kleinen, zarten Sprossen gelegt und circa 20 Minuten zusammen gedämpft. Im Anschluss kannst du das gedämpfte Gemüse noch kurz an die frische Luft stellen, damit der Spargel schön grün erhalten bleibt.

In einer Schüssel rührst du alle Zutaten für das Dressing an und schwenkst dann den Spargel und die Zinnkrautsprossen darin. Zwiebel würfeln und dazugeben.

Die Wildkräuter werden nur geputzt und grob zerkleinert und am Schluss, wenn das Gemüse abgekühlt ist, entweder im Salat untergemischt, oder zuerst auf dem Teller angerichtet, bevor du den Salat darauf anrichtest.

TIPP

Das Zinnkraut bekam seinen Namen durch die kleinen enthaltenen Schmirgelkörnchen aus Kieselsäure, die sich wohl bestens eigneten, um die Zinnkrüge zu polieren. Sie sind deshalb auch nicht zum Verzehr geeignet, können aber zu Pflanzenpulver vermahlen eine gute Nahrungsergänzung sein. Diese pflanzliche Kieselsäure ist besonders gut vom Körper resorbierbar, man spricht sogar von eine Bioverfügbarkeit von 90 %! Das macht sie ideal für uns, um Haut, Haare, Bindegewebe und Knochen zu stärken!

Kräuterbutter Dreierlei

Im Frühling ist die Auswahl an aromatischen Wildkräutern besonders groß, und so kreativ können die Zutaten für die Brotaufstriche oder Kräuterbutter kombiniert werden. Gundermann, zarte Knoblauchrauke oder Wiesenschaumkraut? Die Komposition der verschiedenen Kräuter bleibt allein dir überlassen! Hier kannst du die verschiedenen Aromen der Wildkräuter zusammenbringen oder auch nur ein Wildkraut verwenden. Bunt wird es, wenn noch Blüten ins Spiel kommen, sei mutig und mische nach Herzenslust! Die fertige Kräuter- oder Blütenbutter kommt besonders schön in Formen gestrichen zur Geltung, es geht aber auch in einer kleinen Schüssel.

ZUTATEN

Zubereitung: 20 Minuten

Kräuterbutter Frühlingswiese:

je 1 Handvoll Bärlauch, Giersch, Knoblauchrauke, Sauerampfer, Spitzwegerich, Gundermann

Kräuterbutter Blumenmädchen:

1 kleine Ingwerknolle, 1 Sträußchen Gundermann, fein gerebelt

Blüten von: Löwenzahn, Hornveilchen, Taubnesselblüten, Lichtnelke, Zaunwicke

Kräuterbutter Mediterran:

2 EL Tomatenmarkt, 1 Knoblauchzehe,
1 TL Paprikapulver, 1 TL Salz

je 1 Handvoll Spitzwegerich, Knoblauchrauke, Gundermann, Wilder Dost, Brennnessel

Du nimmst als Grundzutat für die Kräuterbutter 250 g Butter oder eine gute Bio-Margarine und natürlich ausreichend Salz, Pfeffer oder Chili.

Kräuter säubern, von braunen Stellen oder trockenen Halmen befreien, wer möchte auch waschen und dann auf ein Tuch zum Trocknen legen.

Die Blüten von den Stängeln knipsen, kleine Blüten ganz lassen, die größere halbieren oder die Blütenblätter zupfen. Die Blüten beiseitestellen, nicht mit dem Grün zusammen rebeln! Sie werden erst am Schluss unter den Aufstrich gerührt oder wie Konfetti darüber gestreut.

Die Wildkräuter mit dem Messer klein schneiden oder rebeln und dann gut in die weiche Margarine/Butter mit einer Gabel einarbeiten und auch gleich mit kleingeschnitten Knoblauch, der Chili und dem Salz vermengen. Je mehr Kräuter, je grüner, desto besser und aromatischer der Geschmack!

Die Kräuterbutter schmeckt am besten, wenn du sie über Nacht im Kühlschrank ziehen lässt, damit sich das Aroma schön entwickeln kann und sie sich gut aus der Form lösen lässt.

Mit Blüten und Blättern dekorieren.

Schmeckt besonders lecker auf einem guten Bauern- oder Vollkornbrot, aber auch zu Grillgut aller Art.

TIPP

Dieses einfache Grundrezept lässt sich prima variieren! Es können alle Wildkräuter der Wiese gemischt oder nur wenige kombiniert werden. Auch Blüten machen sich, nicht nur optisch, sehr gut darin! Ergänzt wird mit Zwiebel oder Knoblauch, Ingwer, Kurkuma oder Zitronenschale, die Wildkräuterbutter schmeckt herrlich aromatisch und ist auch als Mitbringsel zur Grillparty stets willkommen!

Holunderblüten-Tiramisu

»Vor der Holler sollst du den Hut ziehen!«, das mach ich gerne und widme ihr diese leckere Süßspeise, »Holla, die Waldfee!«, also tauch ein in diese Pracht, Schönheit und den Duft …

Lange Zeit hielt sich das Wissen, dass man in Hausnähe einen Holunder pflanzen sollte, als Schutz vor Blitzschlag, Krankheit und den bösen Geistern im Allgemeinen, deshalb war es auch verboten, einen Holunder zu fällen oder zu beschädigen.

ZUTATEN

Zubereitung: 60 Minuten

Die Blütencreme ist vegan, also laktosefrei, natürlich könnt ihr sie auch mit Mascarpone oder einer Mischung aus Mascarpone und Quark machen.

Für 4–6 Portionen:

125 g Pflanzenmargarine, bio

125 g Mandelmus, bio

200 g Sojaquark, bio

150 ml Holunderblütensirup

50 ml Holunderblütenlikör

3 große Holunderblütendolden

Löffelbisquit oder Zwieback, feine Kekse gehen auch!

Die Pflanzenmargarine im Wasserbad schmelzen. Im Blender dann das Mandelmus, die geschmolzene Pflanzenmargarine, den Sojaquark und 100 ml von dem fertigen Holunderblütensirup und verhexelt die Creme bis sie schön geschmeidig wird. Diese Blütencreme ist noch ein wenig flüssiger wie die tierische Alternative, sie dickt aber in der Kühlung noch nach und bekommt eine festere Konsistenz. In die fertige Creme kommen jetzt von den Holunderblütendolden die kleinen Blütensternchen, abgezupft und von Hand untergerührt.

In eine große flache Form, oder in kleinere Schälchen/Gläser den Löffelbisquit oder den Zwieback auslegen und mit einer Mischung aus 50 ml Holunderblütensirup und 50 ml Holunderblütenlikör beträufeln.

Natürlich kannst du den Alkohol auch komplett weglassen und den Bisquit mit Säften, Beeren oder Früchten tränken und so zum Quellen bringen.

Das fertige Dessert ruht am besten über Nacht, aber mindestens für ein paar Stunden, im Kühlschrank. So zieht der Geschmack mit der Flüssigkeit in die Bisquits und entfaltet sich auf das Wundervollste!

TIPP

Frau Holle, Elder, Holder, Holler oder Fliederbeerbusch?

Diese mythische Pflanze trägt viele Namen und ist schon immer unsere Begleiterin, unser Schutz für Haus und Hof, Symbol der Unendlichkeit und die Hüterin des Tores zur Unterwelt.

In Kultur und Glaube unserer Ahninnen taucht stets die Baumgöttin im Holunder auf, bei den Germanen ist »Holda« die huldvolle, strahlende Hausgöttin.

Sommer

Antipastisalat mit Brennnessel, Basilikum und Wildem Dost

Der Antipastisalat mit einer mediterranen Marinade aus verschiedenen Garten- und Wildkräutern lässt sich sehr gut auf eine Grillfeier, als gesunder Snack fürs nächste Picknick oder als pikanter Outdoor-Genuss mitnehmen. Er macht sich gut zu Weißbrot und Käse oder als Beilage zu Gegrilltem, und schmeckt am nächsten Tag sogar noch besser!

Die Zubereitung ist schnell passiert und geht nebenher, denn die verschiedenen Gemüse werden nur grob zerkleinert und dann im Backofen gegart. Das geht mit Zucchini, aber auch mit Champignons, Karotten, Roter Bete oder anderen Gemüsesorten und ist einfach eine schnelle und sehr aromatische Art, Gemüse zuzubereiten.

ZUTATEN

Zubereitung: 45 Minuten

- 1 große Zucchini
- 2 kleine gelbe Zucchini
- 20 Cocktailtomaten (oder 4 große)
- 3 Zwiebeln
- ½ Aubergine
- 3 Knoblauchzehen
- 4 Handvoll Brennnessel
- Blüten vom Wilden Dost, Estragon, Basilikum
- 2 TL Salz, 1 Chili (mild!) oder schwarzer Pfeffer
- 4–6 EL Olivenöl
- 2 EL Brennnesselessig, naturtrüb

Backofen auf 230 °C vorheizen.

Die Zucchini und die Aubergine in Scheiben schneiden, die Zwiebeln in breite Ringe, die Tomaten vierteln, oder falls du kleine Tomaten hast, kannst du diese auch ganz dazugeben. Der Knoblauch und die Chili werden fein gehackt oder als grobe Stücke aufs Blech gelegt.

Das Gemüse nun mit Öl, Salz, Knoblauch und Chili auf dem Backblech oder einer Auflaufform mit den Händen vermengen und dann im Backofen bei 230 °C circa 25 Minuten garen.

Das Gemüse aus dem Ofen nehmen, Ofen ausschalten, vorsichtig mit den klein geschnittenen Kräutern vermischen und dann noch 3 Minuten mit der Restwärme des Ofens ziehen lassen.

Auf einer Platte anrichten, dekorieren mit frischen Dostblüten, Kapuzinerkresseblüten oder anderen essbaren Blüten und kalt servieren!

TIPP

Falls tatsächlich etwas von diesem herrlichen Gericht übrigbleibt, könnt ihr daraus einen wunderbaren Brotaufstrich zaubern. Das Gemüse dann einfach mit etwas gekochtem Reis oder Haferflocken für die Bindung pürieren, eventuell noch mit zusätzlichem Öl, Gewürzen und Wildkräutern abschmecken.

Summerrolls mit pikantem Sößle (glutenfrei!)

Wenn es im Sommer so richtig heiß ist, möchtest du bestimmt auch eine leichte, vitalstoffreiche Küche – etwas, das den Körper nicht beschwert, sondern ihn eher erfrischt und kühlt. Die asiatische Küche kennt sich damit bestens aus, zum Beispiel Summerrolls, ein appetitliches Fingerfood und ein gesunder Snack, der beim Picknick, als Vorspeise oder auf dem Büffet gerne gesehen ist und in jeder Lunchbox die Mittagspause erhellt.

Die Sommerrolls entspringen der vietnamesischen Küche, traditionell werden darin Reisnudeln, Shrimps und Salat gewickelt, es kann aber auch leicht variiert komplett vegetarisch oder vegan gemacht werden. Hier in diesem Rezept werden sie natürlich um die Wildkräuterkomponente ergänzt, die mit Geschmack und Inhaltsstoffen alles, was gut ist, noch besser macht.

ZUTATEN

Zubereitung: 60 Minuten

2–3 Handvoll Gemüse, wie z.B.: Karotten, Fenchel, Paprika, Blaukraut

1 kleiner Block Tofu oder Shrimps

4 Handvoll verschiedene Wildkräuter, Blüten und Sprossen

1 Block Reisnudeln

1 EL Reisessig

2 EL Sesamöl

Salz und Zucker

10 Bögen Reispapier

Gemüse und Tofu in schmale, ungefähr 10 cm lange Streifen schneiden und separat bereitlegen.

Wildkräuter gegebenenfalls waschen, Blätter vom Stängel abzupfen, harte, faserige Teile aussortieren. Die Kräuter in Streifen schneiden oder einfach in mundgerechte Stücke zupfen.

Reisnudeln in Wasser mit 1 EL Reisessig, etwas Zucker und Salz kurz kochen und kalt stellen.

Reispapierbögen 10–20 Sekunden in Wasser tauchen, bis sie merklich weicher werden. Die seitlichen Ränder frei lassen und erstmal mit wenig Füllung beginnen.

Beginne in der unteren Mitte mit den Blüten, den Wildkräutern, etwas von den Reisnudeln, den Gemüsestreifen, ein paar Sprossen und dann wieder Reisnudeln auslegen. Die Seiten einklappen und straff einwickeln.

PIKANTES SÖSSLE

1 Mango

1 Glas Orangensaft

1 Handvoll gesalzene Erdnüsse

½ Chilischote, Salz

2 EL Sesamöl

Zubereitung:

Die Mango feinschneiden oder pürieren, mit dem Orangensaft und dem Sesamöl verrühren. Erdnüsse fein hacken und dazugeben, mit Chili und Salz abschmecken und in kleine Schälchen füllen.

Erfrischender Melonensalat mit Wildkräutern

Was gibt es im Sommer Besseres als einen leckeren Salat? Das erfrischt richtig, vor allem wenn sich eine Wassermelone im Salat wiederfindet. Die Wassermelone ist die dicke Schwester der Salatgurke und deshalb auch bestens geeignet, in der pikanten Küche eingesetzt zu werden. Schon pur mit Salz und Pfeffer gewürzt, bietet sie uns ein erfrischendes Geschmackserlebnis!

Das verwundert auch kaum. Wenn du bedenkst, dass sie zu 95 Prozent aus Wasser besteht, macht sie das zu der kalorienarmen Superfrucht, die zusätzlich mit Vitaminen und Mineralstoffen punkten kann.

ZUTATEN

Zubereitung: 25 Minuten

½ Miniwassermelone

1 Handvoll Vogelmiere

1 Handvoll Giersch

1 Handvoll Blätter und Blüten der Taubnessel

1 Handvoll Rosenblätter

Blätter vom Gundermann

Dressing:

1 EL frisches Leinöl

1 EL Olivenöl

1 EL Essig

1 EL Zitronensaft

1 EL Rosensirup

Erdbeersalz + schwarzer Pfeffer

Alle Zutaten für das Dressing gleich in einer Schüssel anmischen.

Die Wassermelone in große Würfel schneiden, von der grünen Schale trennen und in die Schüssel mit dem angerührten Dressing geben. Darin schwenken und etwas ziehen lassen. Währenddessen die Wildkräuter in Stücke zerteilen, lange Stiele kürzen, braune oder trockene Stellen entfernen, Blüten der Taubnessel abzupfen.

Die Wildkräuter nun im Melonensalat schwenken, am schönsten sieht es auf einem großen Teller oder einer schönen Platte angerichtet aus, mit den Rosenblättern bestreut, ach herrlich!

Diese Farbkomposition in Grün und Rot ist wahrlich eine Augenweide und dazu eine, die wirklich ganz famos schmeckt. Erfrischend ist sie obendrein und durch die Wildkräuter werden dem Salat noch mehr Vitamine, Mineral- und Bitterstoffe sowie das antioxidative Chlorophyll zugeführt. Mit dem Leinöl werden außerdem noch wertvolle Omega-3-Fettsäuren mitgeliefert, diese sind essenziell für verschiedene Prozesse und können vom Körper nicht selbst hergestellt werden.

Gesund und lecker, so schmeckt der Sommer!

TIPP

Obwohl die Wassermelone viele Verwandte aus der Gemüseabteilung hat, wie zum Beispiel die Gurke, die Zucchini oder den Kürbis, wird sie selbst dem Obst zugeordnet. Sie macht sich aber auch, ähnlich wie ihre Verwandtschaft, sehr gut gegrillt, mariniert oder wie hier im Salat pikant genossen.

Gegrillte Rote Betchen mit Roquefort und Giersch

Magst du Rote Bete? Viele haben doch gewisse Vorbehalte gegen diese Zauberknolle, obwohl sie mit ihren Inhaltsstoffen, ihrem süßen Geschmack und ihrer fantastischen Farbe doch etwas ganz besonders ist. Hier wird die Rote Bete als Hauptdarstellerin auf einer Salatbühne präsentiert, mit gezupften Chicoreeblättern, einer Wildkräuterkomposition aus Giersch und den Blüten von Taubnessel und Wildem Dost, am Schluss gekrönt von würzig pikantem Roquefortkäse.

ZUTATEN

Zubereitung: 55 Minuten

4 kleine rote Betchen
Olivenöl und etwas Salz
2–4 Chicoreé
50 g Roquefortkäse
1 Handvoll Kürbiskerne
2 Handvoll junge, zarte Gierschblättchen
Blüten von Wildem Dost
Taubnesselblüten

Dressing:

2 EL Walnussöl
1 EL Leinöl
1 EL Apfelessig
1 TL Honig
1 TL Senf
Salz

Die 4 kleinen Knollen der Rote Bete, oder 2 große Rote Bete (dann geviertelt), am besten vorher 5 Minuten blanchieren, dann geht es auf dem Grill schneller.

Mit Olivenöl und etwas Salz einreiben und dann 10 Minuten auf den Grill legen, damit die Räucheraromen einziehen und die Karamelisierung der Knollen stattfinden kann.

Den Salat putzen, waschen und kreisförmig auf einer flachen Schale oder einem Teller anrichten.

Mit den Gierschblättchen, dem Roquefort und den Kürbiskernen bestreuen.

Die Zutaten für das Dressing mit einem kleinen Schneebesen verrühren.

Die noch heiße Rote Bete auf den Salat setzen und mit dem Dressing beträufeln.

TIPP

Die frisch geschlüpften Gierschblättchen sind besonders zart und wohlschmeckend. Sie sind eine vitaminreiche Ergänzung für jeden Salat, aber auch als Suppengrün, Spinatersatz, Pesto, und auch für den grünen Smoothie sind sie perfekt. Also, liebe Gärtnerin, verzage nicht beim Anblick des sogenannten Unkrauts und iss es stattdessen regelmäßig, anstatt es zu jäten! So bleibt es unter Kontrolle und du sparst dir viel Zeit und Mühe und tust gleichzeitig deinem Körper etwas Gutes.

Brennnesselkuchen mit Zitrone

Mit unserer Freundin, der Brennnessel, lässt sich so viel lecker Pikantes zaubern, dass darüber schon ein eigenes Kochbuch entstehen könnte. Du kannst die frischen Pflanzen im Frühling ganz, im Sommer nur die obersten 5–7 zarten Blätter, verwenden. Je mehr du in den Teig davon gibst, desto grüner wird er natürlich. In diesem Rezept geht es um eine süße Verwendung, denn auch dazu ist unsere heimische Superpflanze bestens geeignet. In Kombination mit Zitrone werden neue Geschmacksgipfel erklommen, grün, frisch, zitronig, sei gespannt wie dir der Kuchen schmeckt! Er ist reichlich mit Zitronenguss bedacht worden, allerdings ist dieser nicht nur aus Puderzucker, sondern auch mit Kokosöl, damit sich dann in diesen Guss die Pflanze gut fixieren lässt.
Wer es extra-zitronig möchte, gibt in den Teig noch zusätzlich 5 Tropfen ätherisches Zitronenöl, das intensiviert den Zitronengeschmack zusätzlich.

ZUTATEN

Zubereitung: 60 Minuten

1 große Schüssel Brennnesselblätter
300 g Dinkelmehl, 630
50 g Kokosöl
1 TL Backpulver
½ TL Natron
Saft und abgeriebene Schale von 2 Zitronen
5 Tropfen ätherisches Zitronenöl, bio
100 ml Apfel- oder Orangensaft
300 ml Löwenzahnsirup
50 ml Brat- und Backöl
200 g Puderzucker

Die Brennnesseln gegebenenfalls waschen und auf einem Geschirrtuch trocknen. Die Blättchen vom Stiel zupfen, grob schneiden und dann zusammen mit dem Mehl im Blender verhexeln bis alles fein zerkleinert ist. Auf diese Weise wird das Mehl richtig schön grün eingefärbt, das kannst du auch für andere Teige anwenden.

Den Backofen auf 220 °C vorheizen und eine circa 30 cm Backform mit Öl ausreiben.
Nun das Backtriebmittel einrühren und gut miteinander in einer Schüssel vermischen. Die Zitronen mit einem Zestenschäler abreiben, dann den Zitronensaft auspressen. Die Zitronenzesten, das ätherische Zitronenöl, den Zitronen- und den Apfelsaft, das Backöl und den Sirup zügig zu einem glatten Rührteig verarbeiten.
Im vorgeheizten Backofen circa 25 Minuten backen, abkühlen lassen.
Das Kokosöl schmelzen, mit Puderzucker und einem Tropfen ätherischem Zitronenöl vermischen. Mit einem Pinsel auf den Kuchen auftragen und mit einer ganzen Brennnesselpflanze garnieren.

TIPP

Die meisten ätherischen Öle haben nur eine kosmetische Zulassung und keine als Lebensmittel. Deshalb findest du kaum ätherische Öle in Rezepten, obwohl es sich dabei eher um eine bürokratische als eine geschmackliche Entscheidung handelt. Bei ätherischem Zitronenöl zum Beispiel wird die Schale der Zitronen ausgepresst. Wenn es sich hierbei um Bio-Zitronen handelt, spricht meiner Meinung nichts dagegen, das auch zu nutzen. Ich experimentiere jedenfalls gerne mit ihnen.

Brotsalat mit bunter Tomatenvielfalt

Die größten Genussmomente im Sommer entstehen, wenn die Früchte des Gartens, nach Aussaat, Hege und Pflege endlich geerntet werden können. Vor allem Tomaten aus dem eigenen Garten sind ein wahrer Schatz. Noch warm von der Sonne, mit dem vollen Aroma der süßen Frucht, schmecken sie einfach unvergleichlich köstlich. In diesem Rezept werden sie mit kross angebratenen Brotscheibchen, affiniert mit Knoblauch und frischen Wildkräutern in einen mediterranen Tomatensalat verwandelt. Das Schöne daran ist nicht nur, dass du deinen Tomatensalat mal ganz anders zubereitest, sondern auch dass du altes, trockenes Brot dafür super verwerten kannst. Dein Salat bekommt dadurch eine krosse Komponente und es schmeckt wirklich köstlich! Hier findet die Schafgarbe, der Wilde Dost und auch feingeschnittene Brennnessel im Dressing Verwendung. Diese brennen nicht mehr, wenn du sie mit einer Gabel quetscht oder sie mitsamt dem Dressing kurz im Blender zerkleinerst.

ZUTATEN

Zubereitung: 30 Minuten

- Baguette, Weißbrot oder Brötchen vom Vortag
- 5–6 EL Olivenöl
- 2 Knoblauchzehen
- 500 g Tomaten mit unterschiedlicher Farbe, Form und Geschmack!
- 1–2 EL Essig
- Salz + Pfeffer
- 2 EL Kapern
- 1 Zwiebel
- 1 Block Schafskäse oder veganer Block
- 1 kleine Schüssel Wildkräuter, Schafgarbe, Dost

Das übrige getrocknete Brot in Würfel oder kleine Scheibchen schneiden. In einer Pfanne mit reichlich Olivenöl bei mittlerer Temperatur mit dem fein gewürfelten Knoblauch anbraten, bis alles goldbraun gebacken ist.

Die Tomaten in Scheiben, Schnitzchen, Hälften oder grobe Würfel schneiden, je nach Sorte oder Größe. Ich finde es immer schön, wenn du danach noch erkennen kannst, welche Tomate es war.

In einem hohen Gefäß jetzt das Dressing mit Öl und Essig anrühren. Brennnesseln von den Stängeln zupfen, grob schneiden und mit dem Dressing verhexeln. In einer Schüssel Kapern und Tomaten vermischen, Zwiebel klein würfeln und auch dazu. Den Schafkäse, oder den veganen Block, in große Würfel schneiden und zusammen mit der Schafgarbe und dem Dost in den Salat vorsichtig unterheben. Vor dem Servieren mit Wildkräutern und Blüten nach Wunsch dekorieren.

TIPP

Resteverwertung ist ein so spannendes Thema, dem wir in Zukunft wahrscheinlich noch mehr Beachtung schenken werden. Gerade trockenes Brot vom Vortag lässt sich sehr gut als Croutons, Brotchips und für Füllungen und Suppen als Konsistenzgeber wiederverwerten. Als Kind mochte ich gerne Brotsuppe, wofür ganz einfach Brot vom Vortag und Zwiebeln angebraten und mit Gemüsebrühe abgelöscht werden. In Kombination mit Wildkräutern köstlich!

Gegrillte Knoblauchbutter mit Stangenbohnen und Graupen

Knoblauch gehört zum Grillen unbedingt dazu, auch gerne als deftige Knoblauchbutter. Klar, die gibt es billig im Supermarkt, mit viel künstlichem Aroma und Plastik drumrum, aber mal ehrlich, das ist doch wohl das einfachste Ding der Welt eine Knoblauchbutter anzusetzen, oder? Und schmecken tut die doch dann auch viel besser, vor allem diese Variante, die ist so lecker, da möchtest du dich reinlegen und nichts anderes mehr essen! Die kannst du sogar direkt beim Grillen ansetzen, denn der Knoblauch wird dazu auf den Rost gelegt und nach ein paar Minuten einfach aus den Hüllen gedrückt. Dadurch wird er viel milder im Geschmack, weil er leicht karamellisiert und schmeckt so einfach großartig auf geröstetem Brot oder zu Grillgut. Die kleinen Kirschtomaten für die Stangenbohnen mit Graupen werden ebenfalls gegrillt, was ihre Süße hervorholt.

ZUTATEN **Zubereitung:** 60 Minuten

200 g Kirschtomaten

2 Knollen Knoblauch

1 Biomargarine

2 Handvoll Schafgarbe Blätter, Wilder Dost,
1 Zweig Bohnenkraut

2 Tassen Gerstengraupen

500 g Stangenbohnen

Olivenöl, Kapuzinerkresse-Essig, Salz,
Zitronenpfeffer

Dieser Salat kann während des Grillens entstehen und ersetzt die üblichen vegetarischen Alternativen, die dick mit Alufolie umwickelt auf dem Grill liegen. Gerade gegrilltes Gemüse schmeckt so lecker, vorausgesetzt es wird mit genügend Öl und Geschmack versehen, denn die karamellig aromatischen Geschmackskomponenten werden erst dann gebildet. Kirschtomaten und Knoblauchknollen grillen, bis sie gar und leicht gebräunt sind.

Für die Knoblauchbutter nun die weichen Knoblauchzehen aus ihrer Hülle drücken, in die Margarine mit einer Gabel einarbeiten und mit etwas Salz und den abgezupften Blättchen der Schafgarbe abschmecken.

Die Gerste im Topf mit der 3-fachen Menge an Wasser mit etwas Salz circa 30 Minuten kochen, anschließend noch eine Viertelstunde bedeckt quellen lassen. Bohnen putzen, schneiden und 15 Minuten im Dämpfeinsatz garen. In eine Schüssel Öl, Essig, Salz, Pfeffer, sowie die klein gezupften Wildkräuter geben und nun mit der Gerste, den Bohnen und den Tomaten vorsichtig vermengen.

TIPP

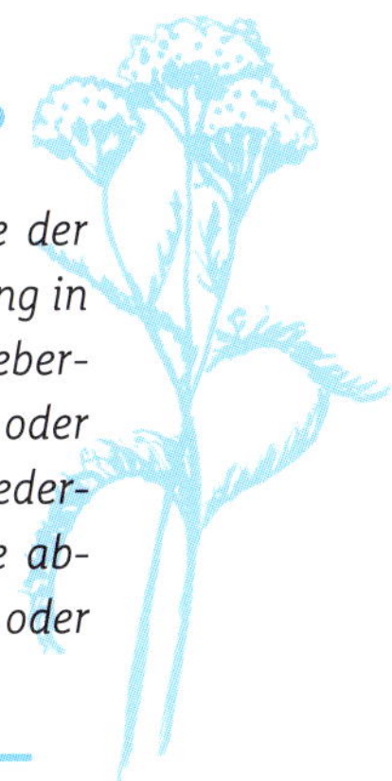

Die Schafgarbe wird auch als die »Augenbraue der Venus« bezeichnet und findet vielerlei Anwendung in der Volksheilkunde, sie wirkt blutstillend, Leberschützend, bei Völlegefühl, Unterleibskrämpfen oder bei Magen-Darm-Problemen. Ihre kleinen Fiederblättchen lassen sich leicht von der Mittelrippe abziehen und können so einfach in Salate oder Brotaufstriche gegeben werden.

Urdbohnensalat mit dem besten der Wiese

(glutenfrei)

Hülsenfrüchte wie Bohnen, Linsen oder Kichererbsen spielen eine wichtige Rolle in der pflanzenbasierten Ernährung und versorgen unseren Körper mit wichtigen Proteinen, sättigenden Ballaststoffen, Kohlenhydraten, aber auch mit Kalzium, Magnesium und den wichtigen B-Vitaminen. Und das, ohne kalorienreich zu sein. Ideal also für die leichte Sommerküche! Hier habe ich besonders kleine, weiße Bohnen bekommen, die Urdbohne, das Rezept geht aber auch mit anderen Bohnen oder Linsen. Wenn du Hülsenfrüchte in deinen Salat machst, ist der Vorteil, dass du etwas Leichtes, Frisches essen kannst aber auch richtig satt wirst. Mit solchen Vitalstoffbomben kannst du deshalb auch leichter abnehmen, wenn du möchtest. Ersetze im Sommer doch mal eine Mahlzeit durch so einen Salat mit Sättigungseinlage. Das können Bohnen, Erbsen, Linsen, Getreide oder auch glutenfreie, sogenannte Pseudogetreide wie Hirse, Buchweizen oder Amaranth sein. Du wirst sehen, wie gut dir das tut!

ZUTATEN **Zubereitung:** 120 Minuten

300 g Urdbohnen, Weiße Bohnen oder Linsen, am Vortag eingeweicht

2 Karotten

4 EL Olivenöl, 4 EL Leinöl, 5 EL Kapuzinerkresse-essig, Salz und Pfeffer

1 kleine Zwiebel, 1 Selleriestange

2–3 Tomaten

1 kleine Schüssel Wildkräuter wie Spitzwegerich, Giersch Blüten und Blätter, Pimpinelle

Die über Nacht eingeweichten Bohnen werden in einem Topf mit genügend Wasser 90 Minuten gekocht. In den letzten 15 Minuten gibst du die gewürfelten Karotten hinzu und lässt sie so energiesparend mitkochen.

In einer Salatschüssel rührst du das Dressing aus Olivenöl, Leinöl, Kapuzinerkresseessig, Salz und Pfeffer an.

Die gekochten Bohnen nun mit dem Gemüse in ein Sieb zum Abtropfen geben und noch warm im Dressing schwenken.

Die Zwiebeln fein hacken, die Tomaten würfeln, Sellerie klein schneiden und die Wildkräuter klein zupfen oder schneiden. Wenn die Bohnen und die Karotten etwas abgekühlt sind, werden sie mit den frischen Zutaten vermengt und der Salat abgeschmeckt. In Schälchen anrichten und mit frischen Wiesenkräutern dekorieren und am besten noch lauwarm genießen!

TIPP

Der Kapuzinerkresseessig ist schnell gemacht und sehr aromatisch durch seine leicht scharfe, kresseartige Note. Er wirkt sogar wie eine antibiotische Tinktur und kann dich so schneller durch einen Infekt bringen. Dafür kannst du einfach Blätter und Blüten etwas schneiden und in Apfelessig etwa vier Wochen in einem Schraubglas ausziehen. Am schönsten sieht es aus, wenn du nur die Blüten dafür nimmst, dann färbt sich der Essig richtig schön rot!

Gefüllte Zucchiniblüten mit Stachelbeerchutney

Jede Gärtnerin kennt das, hast du Zucchini, dann hast du Zucchini im Überfluss. Aber weißt du, dass auch ihre Blüten eine wahre Köstlichkeit sind? Ihr Geschmack erinnert ein wenig an angebratene Eier, wenn sie gebraten oder frittiert werden. Ich mag sie aber am liebsten gefüllt mit einer leckeren Kräutercreme.

Die Füllung habe ich mit Ackermelde gemacht, eine Pionierpflanze, die gerne an jeder frei gewordenen Stelle erscheint und wie Spinat zubereitet werden kann. Wer keine Melde hat, kann genauso Brennnesselblätter, Giersch oder die zarten Blätter vom Nelkenwurz nehmen.

Die aromatischen Wurzeln der Nelkenwurz findet in dem Stachelbeerchutney eine perfekte Verwendung. Die feinen Wurzeln lassen sich leicht ausgraben, sollten aber erst in einer Schüssel mit Wasser von der Erde befreit werden. In einem kleinen Gazesäckchen oder einem Papierteefilter wird sie dann in dem Chutney mitgekocht und am besten über Nacht darin belassen, bevor alles in Gläser gefüllt wird.

ZUTATEN

Zubereitung: 40 Minuten

1 Zwiebel
3 EL natives Olivenöl
5 Handvoll Ackermelde
400 g Tofu, natur oder Ricotta
10 Zucchiniblüten
Salz, Chili
Stachelbeeren
Zucker
Nelkenwurz

Die Zwiebel in kleine Würfel schneiden, in einer Pfanne mit Olivenöl glasig andünsten. Dann die gewaschene, grob zerkleinerte Ackermelde dazugeben, Herd ausschalten, mit geschlossenem Deckel in der Restwärme kurz dämpfen.

Den Tofu grob mit den Fingern zerbröseln, zusammen mit den Zwiebeln und der Ackermelde im Blender zu einer homogenen Creme verhexeln.

Die Zucchiniblüten vorsichtig mit den Fingern öffnen und mittels der Spritztülle oder zwei kleinen Teelöffeln mit der Creme füllen und vorsichtig die Blütenblätter oben verschließen. Kurz von allen Seiten in einer heißen Pfanne mit Öl anbraten.

Das Chutney kochst du wie eine Marmelade mit Stachelbeeren, Zucker, Essig, Chili und Salz ein, steckst die Nelkenwurz in einen Beutel und lässt sie über Nacht darin ziehen, damit sich das Aroma schön entfalten kann. Das Chutney nochmal aufkochen, bevor du es in sterile Gläser füllst.

TIPP

Weibliche Zucchiniblüten besitzen schon eine kleine kugelige Zucchiniform am Stängel der Blüte, die männlichen haben keine solche Verdickung. Die männlichen sind nur zur Bestäubung der weiblichen Blüten und für die Bienen da, die sich gerne mal, auch zu mehreren, in den Zucchiniblüten ausruhen oder vor dem Regen verstecken. Diese männlichen Blüten können angebraten oder gefüllt werden und sind superlecker! Sie werden morgens, wenn sie sich öffnen, geerntet und können mitsamt dem Stiel abgeschnitten und verspeist werden.

Rosenkonfekt mit Duftrosen

Glücklich ist die Gärtnerin, die noch alte Duftrosenbestände in ihrem Garten hat. Diese erfüllen nicht nur die Luft mit einem Duftbouquet, das der Königin der Blumen entsprechend majestätisch ist, sie können auch zu vielerlei Speisen verarbeitet werden. Allerdings ist wichtig, dass die Duftrosen nicht nur wirklich duften, sondern auch wirklich schmecken, deshalb solltest du vorab immer eine Blüte probieren. Manche Rosen schmecken nämlich tatsächlich bitter und diese kannst du deshalb nicht verwenden, natürlich auch keine direkt vom Blumenladen, weil diese oft mehrfach gespritzt wurden. Die duftige Königin wurde schon im Orient zu allerlei Süßspeisen verarbeitet, aber auch für die Schönheitspflege wird sie seit der Antike verehrt. Ihre Schönheit und ihr Duft berühren unser Herz und beruhigen und harmonisieren unsere Sinne und unseren ganzen Körper.

Dieses duftige Rezept habe ich mit Rosensirup gesüßt, es funktioniert aber auch mit anderem hellen Sirup, wie zum Beispiel Holunderblütensirup, Reissirup oder auch Haushaltszucker und natürlich kannst du sie auch komplett zuckerfrei herstellen.

Falls du keine blanchierten Mandeln zuhause hast, kannst du die Mandeln genauso gut mit der braunen Haut nehmen, oder sie kurz selbst blanchieren. Dazu kochst du die Mandeln fünf Minuten in heißem Wasser und drückst sie danach ganz einfach mit den Fingern aus der Haut.

Das Kokosöl im warmen Wasserbad schmelzen.

Die Mandeln grob hacken und mit den Haferflocken, dem Zitronensaft plus Abrieb, dem Sirup und dem Öl vermischen und verkneten. Die Rosenblätter grob rebeln und mit den Kokosflocken vermischen. Einen Teil in die Masse, den Rest auf einen Teller geben, um die Kugeln später darin zu rollen.

Mit einem Esslöffel eine Portion entnehmen, diese in der Handinnenfläche zu möglichst gleich großen Kugeln formen und dann anschließend in der Kokosflocken-Rosen-Mischung wälzen.

ZUTATEN

Zubereitung: 45 Minuten

- 100 g Mandeln, blanchiert
- 50 g Kokosöl
- 100 g Haferflocken, fein
- 1 Zitrone, Abrieb und Saft
- 50 ml Rosensirup
- 2 Handvoll Rosenblätter, frisch
- 50 g Kokosflocken

TIPP

Das Rosenkonfekt ist nicht nur eine bezaubernd hübsche Geschenkidee, es ist auch eine gesunde Nascherei, die sich perfekt als Mitbringsel oder als kleine Aufmerksamkeit zur Stärkung eignet. Denn gerade wenn der Appetit durch Krankheit oder Medikamente schwindet, ist es wichtig, dem entgegenzuwirken und kleine appetitliche Speisen anzubieten. Das Rosenkonfekt ist unwiderstehlich blumig lecker und im Kühlschrank mindestens eine Woche haltbar.

Herbst

Steinpilzcarpaccio mit Schafgarbe

Nicht nur, dass der Steinpilz der König aller Waldpilze ist, er hat außerdem ein ganz besonderes, fein nussiges Aroma, ein festes Fleisch und kann sogar roh gegessen werden. Mein Vater ließ es sich nicht nehmen, stets ein kleines Stückchen gleich vor Ort im Wald zu probieren, und es lohnt sich wirklich, diesen erlesenen Pilz mit seinem besonderen Geschmack ganz pur zu genießen. Das Steinpilzcarpaccio bietet dir nun die Möglichkeit dazu, und ihr werdet es lieben! Pilze werden übrigens niemals gewaschen, sondern nur mit einem kleinen Messer und einer Pilzbürste abgeschabt oder abgebürstet. So lassen sie sich schön knackig anbraten und werden nicht schleimig. Ansonsten saugen sie sich wie ein Schwamm mit Wasser voll. Außerdem haben sie so auch noch das »Gewisse Etwas« an Aroma, das manche auch als »Salz des Waldes« bezeichnen.

Die Pilze mit einer weichen Bürste abreiben oder einem kleinen Gemüsemesser vorsichtig putzen, um Erde, Tannennadeln oder Gras zu entfernen. Pilze werden nicht gewaschen, sondern nur trocken geputzt! Anschließend mit einem scharfen Messer, einer Mandoline oder einer Brotschneidemaschine ganz fein in dünne Scheibchen schneiden, sodass die Pilzsilhouette erhalten bleibt. Die Steinpilze auf einem flachen Teller oder einer Servierplatte kreisförmig auslegen.

Aus den oben genannten Zutaten das Dressing anrühren und mit einem Esslöffel über die ausgelegten Steinpilze träufeln. Das Steinpilzcarpaccio sollte nun mindestens 30 Minuten abgedeckt bleiben, um das volle Aroma der Pilze und Kräuter zu entfalten, damit die Pilze weich und richtig durchmariniert werden. Mit etwas frischen Kräutern oder Blüten dekorieren und mit getoasteten Brotscheiben servieren.

ZUTATEN

Zubereitung: 25 Minuten

250 g Steinpilze, frisch aus dem Wald oder vom Markt, optional Champignons

2 EL Olivenöl, bio nativ

2 EL Leinöl, bio

1 EL Zitronensaft

1 Handvoll Schafgarbe

Salz, Cayennepfeffer

Brotscheiben, getoastet

TIPP

Nicht alle Pilze können roh gegessen werden, manche sind roh sogar giftig und trotzdem exquisite Speisepilze!

Steinpilze oder auch Champignons können aber roh verzehrt werden, ihr Aroma wird durchs Anbraten intensiver. Vor allem durch das Trocknen vervielfacht sich der Geschmack immens. Getrocknete Pilze können Speisen wunderbar ergänzen und würzen, sie können Soßen und Suppen verfeinern oder auch als Würzpulver genommen werden!

Karottenapfelsuppe mit Wildkräuter-Sourcream

Herbstzeit ist Wurzelzeit! Denn in der Zeit von Herbst bis Frühjahr ziehen viele Pflanzen ihre Kraft in die Wurzel zurück, um dort wichtige Speicher an langkettigen Kohlenhydraten anzulegen. Diese Stärke können nicht nur sie, sondern auch wir im Winter gut brauchen, sie stärkt und versorgt uns mit wichtigen Vitaminen und Mineralien. Denn obwohl es im Herbst nicht an wilden Kräutern mangelt, sind die wilden Wurzeln eine schöne Ergänzung für unseren Speiseplan und interessante Materie für Würzmischungen, Salze oder Salben. Im nachfolgenden Rezept sind es zwar kultivierte Wurzeln, es ginge aber auch mit Wilder Möhre, Pastinak und Nachtkerzenwurzel, aber die sollen groß und stark werden und viele Insekten erfreuen!

ZUTATEN **Zubereitung:** 60 Minuten

1 kleine Schüssel mit Wildkräutern der Saison (z.B.: Brunnenkresse, Vogelmiere, Schafgarbe, Sauerampfer)

½ Bio-Zitrone (Abrieb und Saft), etwas Knoblauch, Salz

Sourcream oder Sauerrahm

500 g Gelbe Rüben, also Karotten

1 Zwiebel

5 EL Sonnenblumenöl

4–5 Äpfel von der Streuobstwiese

1 l Wasser

Gemüsebrühe

Salz, Schwarzer Pfeffer

Für die Sourcream die Wildkräuter waschen und kleinrebeln. Den Knoblauch fein schneiden oder direkt in die Sourcream pressen. Saft von einer halben Zitrone mitsamt dem Abrieb und etwas Salz mit der Sourcream und den Wildkräutern verrühren und ziehen lassen, damit sich das Aroma entfalten kann.

Die Gelben Rüben schälen und in Scheibchen schneiden, wenn sie zu dick sind in der Mitte halbieren. In einem großen Topf das Öl erhitzen. Die Zwiebeln grob würfeln und zusammen mit den Karotten darin dünsten. Die Äpfel vierteln, das Kerngehäuse entfernen, grob schneiden und dazugeben.

Mit Wasser ablöschen, die selbstgemachte Gemüsebrühe aus getrocknetem Gemüse dazugeben. Die Karotten brauchen, je nachdem wie fein sie geschnitten wurden, circa 15 Minuten, bis sie püriert werden können. Mit Salz und Pfeffer abschmecken und mit frischem Grün und der Sourcream servieren.

Für die Dekoration werden Apfelscheiben kurz in der Pfanne mit etwas Öl karamellisiert und anschließend auf die Suppe gegeben.

TIPP

Im Herbst kannst du noch viele Wildkräuter finden. Achte nur darauf, dass es kleine, zarte und frisch gewachsene Pflänzchen sind, oder pflücke nur die oberen, weichen Blätter, von der Brennnessel zum Beispiel. Solange im Vorfeld genug Regen und auch Sonnenschein vorhanden ist, wachsen viele Pflanzen bis zum ersten Frost munter weiter, manche sogar bis in den Winter hinein.

Eingelegte Waldpilze mit Brennnessel und Spitzwegerich

Kalendarisch befinden wir uns nun im Herbst, der buntesten aller Jahreszeiten. Die Natur offeriert uns neben vielen schmackhaften Wildkräutern wundervolle Gaben wie Nüsse oder Äpfel. Und mit Glück, genug Regen und dem nötigen Fachwissen finden wir im Wald köstliche Pilze, die frisch oder getrocknet unseren Speiseplan ergänzen. Pilze sind eine hochwertige pflanzliche Eiweißquelle, aber vor allem schmecken sie grandios, wenn sie richtig zubereitet werden.

Pilze werden nicht gewaschen, sondern nur abgebürstet. Beim Anbraten entfalten sie ihr volles Aroma, wenn sie bei voller Hitze kurz angebraten und dadurch karamellisiert werden. Zu häufiges Rühren macht sie eher schleimig!

ZUTATEN

Zubereitung: 35 Minuten

300 g Waldpilze oder Kulturpilze in Mischung, wie zum Beispiel Champignon, Austernseitling oder Shitake

6 EL Olivenöl, bio nativ

1 Zitrone

1 Handvoll Brennnessel

1 Handvoll Spitzwegerich

1 Zweig Wilder Dost

Salz, Pfeffer, etwas Paprikapulver

Die Pilze mit einem kleinen Gemüsemesser oder einer feinen Pilzbürste putzen, nicht waschen!

Das Olivenöl in eine Pfanne geben und auf höchster Stufe erhitzen, die Pilze dazu und diese kurz anbraten, bis die Poren sich schließen und die Oberfläche karamellisiert. Falls Wasser austritt: dieses in der Pfanne verdunsten lassen. Nur noch einmal kurz wenden, von der Hitze nehmen und beiseitestellen.

Wildkräuter fein rebeln oder hacken und mit dem Salz, den Gewürzen und dem Zitronensaft vermengen und in einer Schüssel mit den angebratenen Pilzen marinieren lassen.

Anschließend auf einem Teller, in einer kleinen Schüssel oder wie auf dem Bild in einem kleinen Gläschen servieren.

Passt sehr gut zu anderen Antipasti als Vorspeise, zum Büffet oder ganz schlicht zu Butterbrot oder Baguette!

TIPP

Waldpilze bitte nur sammeln wenn du dir absolut sicher bist, dass sie die sind, für die du sie hältst! Vielleicht kennst du ja jemand, der dich in die Welt der Pilze einführt oder du besuchst eine Pilzführung von Pilzkundigen. Pilze mit Schwamm sind übrigens nicht generell essbar, da gibt es auch sehr giftige wie den Satansröhrling zum Beispiel und bei den Lamellenpilzen gibt es viele ausgezeichnete Speisepilze, wie zum Beispiel den Pfifferling.

Wilde Pinsa mit Kürbis

ZUTATEN **Zubereitung:** 90 Minuten

400 g Dinkelmehl

100 g Reismehl

200 ml lauwarmes Wasser

1 Würfel Hefe und oder Sauerteig

1 TL Zucker

80 ml Olivenöl

1 mittelgroßer Kürbis

1 große rote Zwiebel

Wilder Dost, Salbei, Thymian, die letzten Blüten der Nachtkerze

Salz, Bunter Pfeffer, etwas Knoblauch

In einer Schüssel wird mit 3 EL Mehl, 1 TL Zucker, einem Würfel Hefe und einer kleinen Tasse lauwarmem Wasser ein Hefe-Vorteig angerührt. Diesen abgedeckt an einen warmen, zugfreien Ort stellen. Nach 20 Minuten mit dem restlichen Mehl und dem Olivenöl verkneten und wieder 20 Minuten warm und kuschelig stellen. Während der Wartezeiten kannst du den Kürbis halbieren, die Kerne mit einem großen Löffel auskratzen, vom Fruchtfleisch befreien und zum Trocknen ausbreiten. Diese kannst du ein paar Tage später rösten und dir schmecken lassen. Die Zwiebel halbieren und in Ringe schneiden. Die Kräuter von dem Stängel zupfen, gegebenenfalls grob hacken, die Blüten der Nachtkerzen in kleine Ringel schneiden und alles beiseitestellen.

Der Hefeteig wird nun mit einem Schaber in gleich große Stücke geteilt und zu länglichen Fladen mit dem Nudelholz ausgewalzt. Dann auf ein bemehltes Blech legen und den Backofen auf 220 °C anheizen. Jetzt kannst du frei nach deinem Gusto belegen! Du kannst weitere Zutaten dazu nehmen, je nachdem, was dir zur Verfügung steht, auf die Pinsa legen, zum Beispiel mit Paprika, Käse oder Crème fraîche ergänzen oder die Gemüsevielfalt pur auslegen.

Die Pinsas brauchen circa 20 Minuten und werden, erst wenn sie aus dem Ofen kommen, mit Salz und den Gewürzen, sowie den frischen Wildkräutern bestreut und mit etwas Ölivenöl benetzt. Du kannst auch weicheres Gemüse oder Wildkräuter, die schnell verbrennen, erst nach dem Backen auf die heißen Teiglinge legen, das macht die Pinsa noch frischer.

TIPP

Klassischerweise wird die Pinsa mit Sauerteig angesetzt, was sie bekömmlicher macht aber dann auch eine Nacht zum Gehen braucht. Ich habe mich für die spontanere, nicht ganz originale Methode entschieden, aber natürlich bringt der Sauerteig ein Mehr an Geschmack und Bekömmlichkeit mit sich. Auf die Pinsa kannst du wirklich fast alles legen und mal wieder deine Kreativität ausleben. Auch die Kombination mit Obst und pikant macht sich sehr gut, zum Beispiel Birne mit Walnuss und Gorgonzola, oder Quitte mit Schafskäse?

Marinierte gelbe Bete auf Wildkräuterbett

Viele alte, samenfeste Gemüsesorten erscheinen gar nicht im Supermarkt, weil dort leider immer noch nach dem perfekten Gemüse in Normgröße und leider nicht nach Geschmack Ausschau gehalten wird. Die perfekt lange und gerade Gurke, die orange normierte Karotte und die Tomate ohne Geschmack, aber mit stabiler Schale, haben den Platz alter Wintergemüse eingenommen. Heimische Rüben, Beten und Wurzeln verschwinden leider immer mehr von unserem Speiseplan, stattdessen essen wir ganzjährig Paprika, Zucchini und Tomaten. Das Wissen um die Zubereitung ist leider auch fast gänzlich verschwunden. Eine dieser alten Sorten ist die Gelbe oder auch Goldene Bete. Ihr leuchtend hellgelbes Fruchtfleisch ist weicher und hat einen feineren Geschmack als ihre rote Schwester und schmeckt dadurch auch roh etwas milder. Mariniert mit einem interessanten Dressing und den guten Wildkräutern wird daraus eine attraktive Vorspeise.

ZUTATEN **Zubereitung:** 30 Min. (ohne Marinieren)

4 mittelgroße Gelbe Bete

4 Handvoll Schafgarbe Blätter

4 Handvoll Kapuzinerkresse Blätter

2 Handvoll Löwenzahnblätter

Rotkleeblüten, gezupft

6 EL natives Olivenöl

4 EL Kapuzinerkresse-Essig

1 TL Löwenzahnsirup

½ TL Senf

Salz, Pfeffer

die letzten Himbeeren oder Brombeeren

Die Haut der Gelben Bete ist dünner als bei der Roten Bete, sie werden deshalb nur dünn mit einem Sparschäler geschält. Der Trick bei diesem Rezept sind die feinen Scheibchen. Diese erhältst du, wenn du sie entweder mit einer Mandoline hobelst oder sie mit einer alten Brotschneidemaschine mit der schmalsten Einstellung fein schneidest. Pass bitte auf deine Finger auf!

Wildkräuter waschen, auf ein Tuch legen, von zu langen Stielen und unschönen Blättern säubern.

In einer Schüssel das Dressing aus Öl und Essig, Sirup, Senf, Salz und Pfeffer anmischen und die Gelbe Bete hineingeben zum Marinieren. Je länger du marinierst, desto weicher werden sie, du kannst sie aber auch sofort servieren. Auf einer flachen Platte oder gleich als Portion auf den Tellern auslegen. Jetzt die vormarinierten Gelbe-Bete-Scheiben auf dem Wildkräuterbett fächerartig auslegen und mit der gezupften Schafgarbe bestreuen. Mit Blüten, Wildkräutern und den letzten Beeren garnieren.

TIPP

Marinieren ist eine interessante Art, Gemüse mit noch mehr Finesse zu krönen, und überhaupt eine weitere Möglichkeit der Zubereitung, gerade bei Rüben, Knollen und Wurzeln. Dieser Prozess geht mit fast allen Gemüsesorten und du kannst durch die verwendeten Zutaten in der Marinade ganz verschiedene Geschmacksrichtungen erreichen. So ergänzt du Gerichte, machst sie zur interessanten Vorspeise, oder genießt sie direkt auf deinem Brot.

Schwäbische Quittentorte

Du kennst die Schwäbische Quittentorte noch nicht? Diese fruchtig-frische Torte mit einem Mandelbisquitboden, Apfelstückchen und einer sahnigen Creme on top, kennst du sie vielleicht als schwedische Apfeltorte? Schwedisch, schwäbisch, Hauptsache sie schmeckt köstlich und wir können die Früchte des Herbstes darin verarbeiten. Hast du einen schönen alten Quittenbaum, oder deine Nachbarin vielleicht? Leider finden wir diesen typischen Obstbaum immer seltener in den Gärten der Ostalb. Ich habe als Aromageber Steinkleeblüten in der Quittenmasse mitgekocht, für ein vanilleartiges Aroma, ähnlich der Tonkabohne, das rundet die Torte mit einer feinen Note ab. Die Quitten sind nicht nur in der Füllung, sondern auch fein gewürfelt im Boden, fruchtig, saftig, einfach nur lecker!

ZUTATEN **Zubereitung:** 60 Minuten

Teig:

230 g Dinkelmehl 1050

100 g gemahlene Mandeln, kann auch noch Stückchen haben

100 ml Apfelsaft

70 ml Quittensirup (oder anderen Sirup)

½ Quitte fein gewürfelt

50 g Margarine

1 TL Backpulver

1 TL Steinklee pulverisiert, oder ganz im Gazesäckchen

Füllung:

2–3 große Quitten, in gleichmäßige Stücke geschnitten

80 ml Quittensirup

50 ml Apfelsaft

3 EL Maisstärke

Creme:

250 g Sojaquark

100 g weiße Schokolade

50 g Puderzucker

3 EL Maisstärke

Die Quitten werden zuerst abgewaschen, mit einem Tuch abgerieben und fein gewürfelt.

Heize den Backofen vor auf 190 °C und fette die Backform (22 cm oder größer) ein.

Vermische zuerst alle trockenen Zutaten des Teiges und rühre dann die Flüssigkeit ein. Der Teig sollte eine flüssige, dickliche Konsistenz haben. Mische die feinen Quittenstücke unter.

Der Teig wird für circa 25 Minuten gebacken.

In dieser Zeit bereitest du die Quittenfüllung zu, indem du die gewürfelten Quitten mit etwas Apfelsaft, dem Sirup und den Steinkleeblüten mitkochst. Entferne das Aromasäckchen, rühre dann die Maisstärke klümpchenfrei mit etwas Apfelsaft an und gebe es unter Umrühren in die Quittenmasse. Lass alles abkühlen, bevor du sie auf den abgekühlten Bisquitteig streichst.

Für die Creme schmelze die Schokolade im Wasserbad und mische sie dann zum Sojaquark und verrühre alle Zutaten mit dem Rührgerät und gebe die Masse dann auf die Quittenmasse. Die Schwäbische Quittentorte hat den besten Stand, wenn sie eine Nacht im Kühlschrank verbracht hat.

Wilder Waldorfsalat

Dieser gesunde Rohkostsalat bekam seinen Namen von dem gleichnamigen Hotel, in dem er Ende des 19. Jahrhunderts, von Nachfahren des in Waldorf bei Heidelberg geborenen Auswanderers Astor, erfunden und serviert wurde. Früher wurde er als gediegene Vorspeise der feinen Gesellschaft serviert, heutzutage ist er eher ein günstiger Klassiker, der vielfach in den Kühlregalen, versehen mit etlichen Konservierungsstoffen, zu finden ist. Oft ist der darin enthaltene Anteil an billiger Mayonnaise höher als der Gemüseanteil, was daraus etwas sehr Ungesundes macht, und so spielt ein selbstgemachter Waldorfsalat in einer ganz anderen Liga. Heimische Äpfel von der Streuobstwiese, Gelbe Rüben, eine Sellerieknolle und mit Glück sogar Walnüsse vom eigenen Baum sind die guten Zutaten für diesen Genuss. Die Mayonnaise ist so einfach und schnell selbst gemacht und dazu noch rein pflanzlich ohne Ei, dafür aber mit guten Zutaten, die du allein bestimmen kannst!

ZUTATEN

Zubereitung: 60 Minuten

2 EL Mandelmus, weiß

1 Zitrone, Saft und Zesten

1 Orange, Saft

Salz, Cayennepfeffer, etwas Kurkuma

70 ml Rapsöl

2 Handvoll Wildkräuter & Blüten der Saison

250 g Sellerieknolle, oder Staudensellerie

250 g Gelbe Rüben

500 g Äpfel

80 g Walnüsse

Für die superleckere Mayo nach Horschdis Spezialrezept verrühre das weiße Mandelmus mit dem gepressten Saft einer Zitrone und einer Orange sowie den Gewürzen im Blender, bis alles geschmeidig und ohne Klümpchen ist.

Jetzt kannst du langsam das Öl, hier das geschmacksneutrale Rapsöl, als dünnen Rinnsal in die obere Öffnung des Blenders bei hoher Stufe einfließen lassen, bis eine richtige, cremige Mayo entstanden ist.

Die Wildkräuter vom Stängel zupfen, rebeln und in die Mayo geben. Die Sellerie und die Gelbe Riaba schälen, grob raspeln, den Apfel mit Schale reiben. Walnüsse grob hacken, bis auf ein paar, die du für die Dekoration nimmst.

Nun alles in einer großen Schüssel mit der Mayo vermengen und ziehen lassen. Zum Portionieren in kleine Schüsseln oder Gläser füllen und mit Wildkräutern und Blüten dekorieren.

TIPP

Die Mayonnaise enthält natürlich trotzdem noch viel Öl, du kannst sie weiter mit Joghurt verdünnen, dann ist der Kaloriengehalt deutlich reduzierter. Falls du Gewicht reduzieren möchtest, berücksichtige, dass du dir durch Rohkost neben Vitaminen und Mineralien auch viele Ballaststoffe zuführst, die dich lange satt machen und deinen Darm in Schwung bringen. Das ist gut für dein Darmmikrobiom, aber auch insgesamt gut für dein Immunsystem!

Wurzeln mit Quinoacreme

Die Herbstzeit ist bekanntlich Wurzelzeit und die regionale Vielfalt an Wurzeln und Knollen, die wir auf der Ostalb seit jeher verwenden, ist riesig. Nicht nur die bekannten »Grombiera« kamen fast täglich auf den Teller, auch Gelbe Rüben (Karotten), rote Rüben (Rote Bete) sowie Pastinake, Petersilienwurzel, Steckrübchen, wurden täglich zu deftigen Speisen verarbeitet und waren keine exotischen Unbekannten. Im Winter konnten sich die Menschen auf Sauerkraut, Rüben und Wurzeln verlassen. Meist wurden sie im Keller in angelegte Sandkästen gesteckt, so dass sie den Winter frost- und mäusesicher lagern konnten. Früher war die Vielfalt an Gemüse nicht nur bei den Möhren viel größer. Auf dem regionalen Wochenmarkt siehst du manchmal auch noch weiße, gelbe oder rote Karotten, durchgesetzt hat sich allerdings die normierte orange in perfekter, gerader Form. Schade eigentlich, denn die Urformen sind stabiler im Anbau, geschmacksintensiver und sehen in Kombination einfach wunderschön aus.

ZUTATEN **Zubereitung:** 60 Minuten

100 g Cashewnüsse

50 g Biomargarine

2 Handvoll Wildkräuter, 8 Blütenknospen der Nachtkerze

150 g Quinoa, bunt

Kleine Gelbe Rüben, rote Urkarotten

Wurzeln der Nachtkerze oder Weiße Rüben

Saft einer Zitrone

Salz, etwas Chili, Öl

Die Cashewnüsse lässt du am besten über Nacht in Wasser quellen, es geht aber auch zur Not abgekürzt nur ein paar Stunden. Wasser abgießen und im Blender zusammen mit der weichen Margarine cremig schlagen.

Wildkräuter, hier sind es Wiesenlabkraut, Löwenzahn und Schafgarbe, von dem Stängel zupfen, fein rebeln und in die Wildkräutercreme geben, abschmecken.

Quinoa mit doppelter Menge Wasser und etwas Salz zum Kochen bringen, circa 15 Minuten bei kleiner Flamme simmern lassen. Im Anschluss durch ein feinmaschiges Sieb im kalten Wasser spülen.

Die verschiedenen Karotten werden geputzt, oben vom Strunk befreit, geschält und im Dämpfeinsatz 10 Minuten im Topf gegart. In einer Schüssel mit kaltem Wasser und Eiswürfeln im Anschluss abschrecken, dann kurz in einer Pfanne mit etwas Öl schwenken und mit Salz, Zitronensaft und Chili abschmecken.

TIPP

Wusstest du, dass die Wilde Möhre eine Urform der Karotte ist? Sie wächst gerne auf mageren Böden mitten in der Sonne, ist als Doldenblütlerin sehr beliebt bei den Insekten, und darf somit in keinem Naturgarten fehlen!
Im ersten Jahr kannst du die Wurzel ausgraben, dann investiert sie in ihre grüne Rosette und speichert Energie für mehr Wachstum und die Blüte, die erst im zweiten Sommer kommt.

Cremige Kürbismarmelade mit Mariengras

Schon von weitem leuchten die orangen Kürbisse wie Laternen auf dem Feld und läuten die große Erntezeit von Kürbis, Kartoffel und Rüben ein.

Der Hokkaidokürbis schmeckt als cremige Suppe köstlich, als Ofengemüse werden die Spalten zur Beilage, aber auch in Kuchen und Desserts findet er Verwendung, denn er kann unglaublich vielseitig zubereitet werden und schmeckt sogar ganz besonders lecker und cremig in der Marmelade. Die fruchtige Note kommt von den verwendeten Mandarinen, die den Kürbis gut ergänzen und von dem Vanille-Aroma des Mariengrases abgerundet wird.

ZUTATEN **Zubereitung:** 90 Minuten

1 kleiner Hokkaidokürbis (500 g)

10 Mandarinen

2 Zitronen oder Zitronensaft

1 Bündel Mariengras (oder Vanille gemahlen)

1 EL Apfelpektin

400 g Rohrzucker bio

Den Kürbis feucht abreiben und mit einem kleinen Messer halbieren, dann mit einem großen Wiegemesser in circa 4 x 4 cm große Stücke schneiden.

Die Mandarinen und die Zitronen auspressen und in den Topf zu den Kürbisstücken geben.

Das Mariengras zu einem kleinen Bündel flechten oder als Knoten zusammenbinden und dazugeben, du kannst es auch in ein Gazebeutelchen füllen.

Mit geschlossenem Deckel bei kleiner Flamme köcheln und rühren, bis der Kürbis butterweich ist, dann ausschalten und über Nacht mit dem Mariengras-Aromabündel ziehen lassen.

Am nächsten Tag den Zucker mit dem Apfelpektin trocken vermischen, in die Kürbismasse geben und das Aromabündel entfernen. Alles nochmal aufkochen, pürieren und in sterile Gläser füllen. Beschriften nicht vergessen!

Die Geschmeidigkeit des Hokkaidos verbindet sich vortrefflich mit dem fruchtig-säuerlichen Bukett der Mandarine und wird so zur neuen Lieblingsmarmelade nach dem bekannten »Preschtlingsgsälz«, für Nichtschwaben Erdbeermarmelade.

TIPP

Das Aromabündel kann auch aus mehreren Kräutern, Wurzeln oder Blüten bestehen, zum Beispiel Minze, Tannenzweigen, Zimt, Kamille oder Lavendel. Feine Blüten oder Wurzeln kannst du auch in ein Gazebeutelchen füllen und dies mitkochen oder über Nacht in der Masse ziehen lassen, das verstärkt das Aroma noch mehr. Das Mariengras gehört zur Familie der Süßgräser und ist cumarinhaltig, ähnlich wie Waldmeister oder die Tonkabohne und kommt verstreut in ganz Mitteleuropa vor.

Dattelkonfekt mit schokolierten Minzblättern

Alle Naschkatzen werden mir sicherlich zustimmen, ganz ohne Süßigkeiten geht es auch nicht, oder? Es ist zwar möglich, aber nicht genussvoll!

Im Augenmerk der Ernährungsbewussten liegt jedoch mehr der raffinierte Kristallzucker, ein industriell hochverarbeitetes Lebensmittel. Ganz ohne Zucker ist unmöglich, denn auch in Obst gibt es Fruchtzucker und auch die Stärke im Mehl wird zu Einfachzucker abgebaut. Allerdings muss dieser Zucker dann erst vom Körper gespalten werden, was langsamer und nur nach und nach Energie freisetzt. Der Zuckerspiegel im Blut steigt so nicht zu sprunghaft an, wie es beim weißen Zucker der Fall ist. Deshalb sind Trockenfrüchte und Nüsse sehr gute Energielieferanten, die auch mal zwischendurch uns wieder herstellen, wenn der kleine Hunger kommt. Gerade Nüsse enthalten hochwertige Fettsäuren, Eiweiße, Mineralien wie z. B. Selen, Vitamine und Ballaststoffe. Das macht sie zu einem wertvollen Lebensmittel und nicht nur Kalorienlieferanten.

ZUTATEN

Zubereitung: 25 Minuten

- 100 g Walnüsse
- 20 g Honig oder 20 ml Dattelsirup
- 10 große Medjool-Datteln
- 100 g Zartbitterschokolade
- 3 Zweige Pfefferminze mit schön großen Blättern

Die Walnüsse falls nötig knacken und von der Schale befreien, dann im Blender grob verhexeln.

In einer Schüssel mit dem Honig oder dem Dattelsirup verkneten, gib dabei den Honig oder den Sirup nach und nach dazu und arbeite sie stückweise ein, bis du die richtige Konsistenz erreicht hast.

Schneide die Datteln entlang des Kernes mit einem scharfen Messer auf und entnehme den Dattelkern. Nimm für die Füllung circa 1 TL von der vorbereiteten Walnussmasse und forme daraus eine längliche Kugel. Jetzt drückst du die Dattelkugel in die Dattel, bis sie damit ausgefüllt ist.

Schmelze die dunkle Schokolade bei niedriger Temperatur im Wasserbad und suche dir die schönsten und größten Blätter Pfefferminze aus. Tauche sie jetzt vorsichtig mit einer Pinzette komplett in die Schokolade. Streiche die Oberseite des Blattes über den Rand der Schüssel, damit sie nur von einer dünnen Schicht Schokolade überzogen werden und die Blattnerven sichtbar sind. Lege dann das Schokoblatt auf die vorbereiteten Datteln. Sobald die Schokolade fest geworden ist, kannst du sie servieren oder verschenken.

TIPP

Im Rezept habe ich Datteln genommen. Du kannst auch getrocknete Zwetschgen oder Aprikosen nehmen und sie mit anderen Nüssen füllen, um verschiedene gesunde Süßigkeiten daraus zu zaubern. In Marzipan lassen sich kleingeschnittene Kräuter oder Blüten gut einarbeiten, um sie anschließend als Schicht auf Gebäck zu legen oder einfach als Kugel geformt direkt zu vernaschen. Du hast bestimmt Ideen welchen Geschmack du deinen Snacks geben kannst, oder?

Winter

Vogelmiere mit Hüttenkäse auf Hägamarkspiegel

Die Vogelmiere kann auch im Winter unsere Küche mit ihrem frischen Grün und ihren tollen Inhaltsstoffen aufpeppen. Sie enthält zum Beispiel Eisen, Kieselsäure, Carotinoide, Aucubin – um nur ein paar zu nennen – und hat einen ganz vorzüglichen, leicht nussigen Geschmack. Die Hagebutte leuchtet im Winter schön in den blauen Himmel hinein und lädt uns zum Sammeln oder zum Naschen gleich direkt vor Ort ein. Nach dem ersten Frost sind sie schön weich und können direkt aus der Schale gedrückt werden. Wusstest du schon, dass sie mehr Vitamin C als Zitrone oder Paprika enthält? Das Mark lässt sich auch ohne abkochen verwenden, zum Beispiel in der Salatsoße, Smoothies, oder wie hier im Rezept als fruchtiger Spiegel.

Die Hagebutten können nach dem ersten Frost leicht aus der Schale gedrückt werden oder du nimmst ein feines Sieb und streichst sie mit dem Löffel durch. Das so gewonnene rohe Hägamark verrührst du nun mit dem Leinöl und schmeckst es mit Salz ab.

Die Vogelmiere wird gewaschen und von braunen Stängeln und Blättchen befreit.

Für den pflanzlichen Hüttenkäse werden die aufgepoppten Quinoakügelchen mit dem Quark vermengt, mit etwas Zitrone und Salz abgeschmeckt und dann 15 Minuten quellen lassen.

Beim Anrichten beginnst du mit dem fruchtigen Hägamarkspiegel, für den du mit einem Löffel das frische Hägamark auf dem Teller verteilst. Dann belegst du ihn kreisförmig mit der Vogelmiere und krönst alles mit einer schönen Quinoanocke.

ZUTATEN

Zubereitung: 40 Minuten

4 Handvoll Vogelmiere

Hagebuttenspiegel:

2 Handvoll Hagebutten, nach dem Frost
2 TL Leinöl, Salz

Quinoa-Hüttenkäse:

2 Tassen Quinoa gepoppt, 200 g Sojaquark,
½ Zitrone, Salz

TIPP

Wenn der Winter mild ist, in Phasen ohne Frost und Schnee, kannst du viele Wildkräuter auch im Winter sammeln, wie zum Beispiel die Vogelmiere. An sonnigen Plätzchen findest du sie, aber auch Brennnesseln und Nelkenwurz kannst du finden, und wenn du ein sauberes Bächlein kennst, kannst du dort das bittere Schaumkraut oder sogar die echte Brunnenkresse sammeln. Gerade im Winter tut uns das frische Grün gut und peppt unsere Gerichte aufs Schmackhafteste auf.

Flowersprouts mit karamellisierten Haselkätzchen

Die Haselnusszweige mit ihren wunderschönen hängenden männlichen Blüten sind ein Symbol der Lebenskraft. Verschwenderisch stehen sie mit ihrem Pollen vielen Insekten und Vögeln als erste Nahrungsquelle im neuen Jahr bereit. Man kann sie für Smoothies, Salate oder Gemüsegerichte verwenden, ich habe sie in diesem Rezept aber mal knusprig karamellisiert, was sich wirklich ganz famos in der Kombination mit den Flowersprouts macht, einer Mischung aus Rosenkohl und Grünkohl.

Kohl ist ein sehr gesundes, heimisches Wintergemüse, welches meiner Meinung nach völlig verkannt oder von vielen Menschen gar nicht erkannt wird und dabei gibt es doch so viele interessante Sorten! Kohl kann gedämpft, geschmort, als Eintopf, gefüllt oder sogar als Chips zubereitet werden. Er enthält neben Vitaminen und Mineralstoffen viele Pflanzenwirkstoffe, wie z.B. die Senfölglykoside, die unser Immunsystem stärken und stützen.

ZUTATEN

Zubereitung: 45 Minuten

2 EL neutrales Pflanzenöl

3 EL Rohrzucker

50 g Haselkätzchen (noch nicht ganz geöffnet)

500 g Flowersprouts

20 Walnusshälften (oder Haselnüsse)

2 EL Berberitzen, getrocknet

Dressing:

3 EL Olivenöl, 2 TL Kapuzinerkresse-Essig,
1 TL Ahornsirup, Saft einer halben Orange,
1 EL Haselnussmus, Senf, gemahlene Samen der Knoblauchrauke, Salz

Alles verrühren, bis die Klümpchen sich auflösen und alles schön sämig ist.

Eine kleine Pfanne mit dem Öl erhitzen und dann mit 3 EL Rohrzucker karamellisieren.

Pfanne vom Herd nehmen, die Haselkätzchen vorsichtig unterheben und sofort auf ein Backpapier geben, mit Holzstäbchen vereinzeln.

Die Flowersprouts im Dämpfeinsatz 5 Minuten dämpfen, an die kalte Luft stellen, damit sie schön grün bleiben und dann auf einer Platte anrichten.

Mit Berberitzen und Walnussbruch bestreuen, mit dem Dressing beträufeln und den Haselkätzchen krönen.

TIPP

Beim Sammeln darauf achten, die Haselkätzchen von verschiedenen Stellen zu sammeln, um den Strauch nicht zu sehr zu strapazieren. Die Haselkätzchen können auch als Tee, zum Beispiel bei Grippe, zubereitet werden. Ihre den Stoffwechsel anregende Wirkung stärkt und vitalisiert uns. Somit sind sie auch für eine Frühjahrskur bestens geeignet.

Linsensuppe mit Wurzeln und Wildkräutern

Linsengerichte haben, speziell auf der schwäbischen Alb mit ihren kalkhaltigen Böden, eine lange Tradition und sie sind auch heute noch fester Bestandteil der schwäbischen Küche. Seit einigen Jahren werden sie als »Albleisa« mit wunderschön grünblauer Farbe, wieder hier angebaut und erfreuen sich großer Nachfrage. Klassischerweise in »Linsen mit Spätzle« verwendet, versuchen sich inspirierte Köch*innen an neuen Möglichkeiten, die kleinen Kraftpakete in Szene zu setzen, zum Beispiel als Salat, Beilage oder Füllung.

Linsen sind nicht nur vielfältig verwendbar, sie enthalten außerdem sehr hochwertiges pflanzliches Eiweiß, was sie in der pflanzenbasierten Ernährung so wertvoll macht, aber auch ihr Mineralgehalt hat es in sich. Magnesium, Selen, Zink – alles drin, was du brauchst – sowie viele der so wichtigen B-Vitamine. Natürlich ist ihr Ballaststoffgehalt vorbildlich, da freut sich mal wieder unsere Darmflora, denn viele Ballaststoffe bedeutet ein prima Klima für die guten Milchsäurebakterien in unserer Darmflora, und dann geht es auch uns prima! Im nachfolgenden Rezept habe ich mal auf die klassische Zugabe von Essig verzichtet, falls du ihn vermisst, kannst du natürlich das Rezept entsprechend ergänzen.

Das Gemüse grob würfeln und in einem Topf mit dem Olivenöl anschwitzen. Mit 1 Liter Wasser ablöschen. Die Linsen dazugeben und alles circa 30 Minuten köcheln lassen. Dann die restlichen Zutaten dazugeben und pikant abschmecken.

Die Wildkräuter werden fein gehackt oder gerebelt und mit der Sourcream vermengt, abgeschmeckt mit dem Salz und den Gewürzen.

Auf die fertige Linsensuppe kommt ein Klacks Wildkräuter-Sourcream und frische Wildkräuter.

ZUTATEN

Zubereitung: 60 Minuten

100 g Albleisa

2 Karotten, ½ kleine Sellerie, 1 Paprika, 1 Zwiebel, 1 Petersilienwurzel, 2 Zehen Knoblauch

1 Handvoll Spitzwegerich, Knoblauchrauke, Schafgarbe und/oder Pimpinelle

2 EL Tomatenmark

3 EL Olivenöl, Salz, Pfeffer und Paprikapulver

Sourcream, pflanzlich oder tierisch

TIPP

Wenn du im Winter Wildkräuter sammelst, achte darauf, nur zarte grüne Blättchen mitzunehmen, und ja, auch im Winter gibt es essbare Pflanzen an geschützten, der Sonne ausgesetzten Lagen zu finden. Wurzeln wie der Pastinak, die wilde Möhre oder Nachtkerzenwurzeln können ausgegraben und verspeist werden. Einfacher, aber genauso gesund sind die kultivierten Wurzeln, die, wie ich finde, mehr Beachtung in der Winterküche bekommen sollten.

Tannensterne mit Hagebuttenglanz

Wer denkt, hier liegen Kekse in weihnachtlicher Umgebung, irrt sich gewaltig, denn das sind schwäbische »Bredla«, oder zumindest meine Interpretation dieses traditionellen Gebäcks. Jede schwäbische Hausfrau, die was auf sich hält, fängt am besten schon im November an, verschiedene Bredla zu backen. Es sind Rezepte, die sie mit ihrer Mutter gebacken hat – und diese mit ihrer und die mit ihrer. Natürlich gibt es auch Neuheiten ab und an in der Weihnachtsbäckerei, aber eigentlich ist es halt auch so schön, wenn man sich an die gute alte Zeit erinnert, als man noch Kind war und Weihnachten eine zauberhafte Angelegenheit.

ZUTATEN

Zubereitung: ca. 90 Minuten

30 g Tannennadeln, am besten die vorderen weichen Spitzen

100 g Rohrzucker

100 g gemahlene Haselnüsse

100 g Dinkelmehl 630

100 g Biomargarine

Hagebuttenglanz:

100 g Puderzucker

2 EL Hägamark (Hagebuttenmark)

1 Zitrone

Zucker und Tannennadeln in der Küchenmaschine verhexeln oder fein rebeln.

Mit den restlichen Zutaten verkneten und mindestens eine halbe Stunde kühlstellen.

Auf einem bemehlten Backbrett auf 3–4 mm ausrollen und in Sternform ausstechen.

Die Tannensternchen backst du bei 180 °C für circa 10 Minuten; darauf achten, dass sie schön hell bleiben, dann kommt das Grün auch besser raus.

Für den Guss:

Für den Hagebuttenglanz kannst du die frischen Hagebutten nach dem ersten Frost einfach aus der Schale quetschen und gleich pur mit dem Puderzucker vermischen und mit einem Pinsel auf die Bredla auftragen. Für die Variante mit dem gekochten Hägamark werden die geteilten Früchte mit etwas Wasser und Zitronen weichgekocht und anschließend durch ein Sieb gestrichen, von den Kernchen getrennt und mit Zucker zu Marmelade gekocht.

TIPP

Nach dem ersten Frost sind die Hagebutten schön weich, deshalb konnte ich sie roh durch ein Sieb drücken und weiterverarbeiten. Du kannst die kompletten Früchte auch kurz weichkochen und dann durch ein Sieb oder eine flotte Lotte passieren, um die Kernchen zu entfernen. So ersparst du dir viel Mühe und das Ergebnis ist das gleiche.

Hagebuttenshot mit Ingwer

Nicht nur im Winter ist es wichtig, unser Immunsystem mit allem, was es braucht an Mineralien und Vitaminen, zu versorgen, besonders wichtig für unsere Abwehrkräfte ist Vitamin C, was unserem Körper täglich zugeführt werden muss, denn er kann es nicht selbst bilden. Zum Glück gibt es aber eine heimische Vitamin-C-Quelle, die es wahrlich in sich hat, die gute Hagebutte. Sie enthält mehr Vitamin C als Zitrone oder Paprika und wächst direkt vor deiner Haustür. Gerade im Winter siehst du sie schon aus der Ferne mit ihren leuchtend roten Früchten, diese können gleich pur aus der weichen Haut gedrückt als Snack für unterwegs genossen, oder als Mus, Tee, Pulver oder Oxymel verarbeitet werden.

Die derzeit angesagteste Art der Anwendung sind Shots, also kurze, knackige Getränke, die es in sich haben. Diese nicht nur mit Zitrone und Ingwer zu mixen, sondern unsere heimische Hagebutte dafür zu nehmen, ist eigentlich mehr als naheliegend, wenn man an den hohen Gehalt von Vitamin C und andere, das Immunsystem aufbauende Inhaltsstoffe der Hagebutte denkt. Kombiniert man diese Kräfte mit denen der Zitrone und des Ingwers entsteht ein Supershot, der nicht nur gut schmeckt, sondern auch perfekt unsere Abwehrkräfte fördert.

ZUTATEN

Zubereitung: 15 Minuten

- 50 g Hagebutten, frisch
- 100 ml Apfelsaft
- 1 Zitrone
- 1 Ingwerknolle

Hagebutten waschen, mit dem Messer von Strunk und Stiel befreien. Die Hagebutten werden mitsamt der Kernchen mit dem Apfelsaft, dem Zitronensaft und den Ingwerstückchen verhexelt, bis alles zerkleinert ist.

Die kleinen Gläschen werden erst in etwas Wasser gedippt und dann auf einen Teller mit Salz gedrückt. Statt Salz ginge auch Zucker oder Hagebuttenpulver.

Den Hagebuttenshot vorsichtig einfüllen und genießen!

Den Shot kannst du dir als Wochenration zubereiten, im Kühlschrank hält er sich circa eine Woche.

TIPP

Im Handel ist die Hagebutte zumeist mit Hibiskus gemischt, deshalb wissen die Wenigsten wie er wirklich aussieht.
In vielen Früchtetees wird die Hagebutte als Grundlage verwendet, sie gibt der Mischung Struktur, Farbe und eine feine Säure durch Fruchtsäuren, die übrigens auch bei Harnwegsinfektionen hilfreich sind. Die enthaltenen Stoffe wie Lycopin, Vitamine, zum Beispiel gaanz viel Vitamin C, Mineralien wie Zink und Eisen, stärken unser Immunsystem und helfen uns bei oder nach einer Krankheit, schneller wieder auf die Beine zu kommen.

Romanescosalat mit Brunnenkresse und ersten Kräutern

Obwohl der Winter manchmal eiskalt und schneeverhangen ist, kannst du trotzdem wildes Grün entdecken. Im Bachlauf, im bewegten Wasser hat das Eis keine Chance, aber die Brunnenkresse oder ihre Schwester, das bittere Schaumkraut, können hier wintergrün stehen. Sie schmeckt scharf-würzig auf einem Butterbrot oder im Salat. Erhitzen solltest du sie aber nicht, denn da verflüchtigen sich die scharf schmeckenden Senfölglycoside. Der Romanesco schmeckt nussig, buttrig und wird für diesen, am besten lauwarm zu genießenden Salat nur gedämpft. Alle Kohlsorten sind typische Wintergemüse und extrem gesund. Sie enthalten viele Antioxidantien und Ballaststoffe, Senföle, Vitamine und Mineralstoffe, was wieder gut für deine Darmflora ist und dein Mikrobiom, also die Summe deiner Darmbakterien erfreut.

ZUTATEN

Zubereitung: 15 Minuten

1 Romanesco
2–3 Selleriestangen
1 Zwiebel
1 Paprika
½ Rote Bete, gegart
1 Handvoll Sonnenblumenkerne
4 Eier oder Hirtenkäse
Brunnenkresse, Giersch, Sauerampfer
Essig + Öl
Salz + Pfeffer

Den Romanesco am Strunk schälen, die Schnittstelle abschneiden und die einzelnen Röschen vom Strunk brechen. Den Strunk halbieren und in Scheibchen schneiden, dann alles in den Dämpfeinsatz geben, circa 20 Minuten garen.
Währenddessen rührst du in einer Schüssel das Dressing mit einem guten kaltgepressten Olivenöl, Essig, Salz und Pfeffer an. Du kannst zusätzlich frisches Leinöl zusetzen und so die Zufuhr an den essentiell für uns wichtigen Omega-3-Fettsäuren erhöhen.
Schneide die anderen Gemüsesorten in appetitlich aussehende Scheibchen, Würfel oder auch Blümchen (z.B. mit Ausstecher in Form bringen) und gebe sie ins Dressing, genauso wie die Sonnenblumenkerne. Falls du Eier verwendest, kannst du diese mit dem Romanesco zusammen im Dämpfeinsatz garen. Die Eier, der Käse, oder je nach Belieben auch Tofu, kommt am Schluss als Dekoration, zusammen mit den frischen Kräutern oben drauf.

TIPP

Den lauwarmen Gemüsesalat kannst du nach Herzenslust zusammenstellen. Ob als Blumenkohl, Broccoli, Karotten oder als Spargelsalat, kombiniert mit verschiedenen Wildkräutern, Nüssen, Saaten, Oliven, Käse oder Tofu, stets entsteht daraus ein leckeres vitaminreiches Gericht. Achte darauf, das Gemüse nur kurz zu dämpfen, je kleiner es geschnitten ist, desto kürzer die Garzeit. Im Anschluss kannst du das Gemüse kurz in die Kälte stellen oder ins Eiswasser geben, um die Farben leuchtender zu machen.

Waldschnitzel mit Vogelmiere-Remoulade

Pilze sind gerade in einer pflanzenbasierten Nahrung eine wertvolle Eiweißquelle und lassen sich zu fast allem verarbeiten, was in der traditionellen Küche mit Fleisch gemacht wird. Von Bolognesen bis Buletten, Hackbraten oder Schnitzel, entsteht mit der richtigen Würze und der richtigen Zubereitung lecker Kurzgebratenes als Ergänzung zu Pasta, Gemüse und Beilagen, denn auch Pflanzenliebhaber*innen mögen es gerne deftig!

Zum Glück kannst du ganzjährig Pilze finden, ja sogar im Winter, denn manche Pilze, wie zum Beispiel der Austernseitling brauchen einen Kältereiz, um ihre Fruchtkörper zu bilden. Hast du einmal einen befallenen Baum mit ihm entdeckt, kannst du diesen alle Jahre wieder besuchen und abernten.

In diesem Rezept habe ich die Austernpilzbüschel nicht in einzelne Pilze zerlegt, sondern als ganzes Stück mariniert, paniert und angebraten. Die Vogelmiere für die reichhaltige Remoulade kannst du auch im Winter noch finden, sie schmeckt fein nach jungem Mais und enthält viel Vitamin C.

ZUTATEN

Zubereitung: ca. 45 Minuten

- 200 g Austernseitlinge als Büschel
- Salz, Paprikapulver, Chili
- 80 g Mehl
- 80 g Semmelbrösel
- Öl zum Ausbacken
- 6 Handvoll Vogelmiere
- 100 g Sojaquark oder Sauerrahm
- 2 EL Rapsöl, optional mit Essiggürkchen

Zuerst werden die Gewürze in die Austernpilze kräftig mit den Händen einmassiert und am besten zum Marinieren eine Zeitlang darin gelassen, um das enthaltene Wasser zu entziehen, das kannst du auch schon am Vortag machen.

Aus Mehl und Wasser entsteht eine dickflüssige Tunke, in die du deine Pilze tauchst, bis alles rundum benetzt ist. Im Anschluss wird das Ganze dann in einem Teller mit den Semmelbröseln gewendet und in die gut mit Öl befüllte, heiße Pfanne gelegt. Von beiden Seiten goldbraun ausbacken und dabei mit einem Wender flachpressen.

Für die Remoulade mische den Sojaquark mit Öl, Salz und mit der fein gehackten Vogelmiere. Wer mag, kann noch fein geschnittene Essiggurkenwürfelchen dazugeben.

Das Waldschnitzel kann sehr gut mit einem schwäbischen Kartoffelsalat ergänzt werden.

TIPP

Die heimische Wildform des Austernseitlings fruktifiziert erst durch den Kältereiz bei unter 11° Celsius und ist deshalb ein klassischer Winterpilz. Er trägt einen deutlich dunkleren graubraunen Hut als die Variante, die du im Supermarkt kaufen kannst, die ursprünglich aus Florida stammt, keinen Kältereiz braucht und leicht auf Substrat gezogen werden kann und könnte somit für die Zukunft eine wichtige Rolle als Nahrungsquelle und sogar als Werkstoff für Lederersatz oder als Baumaterial spielen.

Haselkätzchenkrokant-Kuchen

Mitten in der winterlichen Jahreszeit erscheinen in der Kälte des Februars die Vorboten des Frühlings, bereit ihren Pollen verschwenderisch dem Wind mitzugeben. Die männlichen Pollen der Haselnuss brauchen deshalb keine Insekten, um die knallroten weiblichen Blüten zu erreichen, denn noch gibt es kaum flugfähige Insekten, die den Pollen sammeln könnten, nur die Vögel und kundige Kräuterfreunde, wie wir es sind, freuen sich über diese potente kleine Nascherei.

Die Haselkätzchen haben neben Mineralien, Proteinen, Vitaminen und ätherischen Ölen viel Geschmack zu bieten und können dadurch sehr vielfältig verarbeitet werden. Ob pikant über dem Salat, süß für Kuchen, Desserts, Müsliriegel oder direkt mit Marzipan zu Konfekt verknetet, sie bringen ganz viel Power mit.

In diesem Rezept wurden sie gleich direkt mit Haselnüssen kombiniert zu einem gestürzten Nusskuchen mit Karamellüberzug.

ZUTATEN

Zubereitung: 90 Minuten

- 250 g Rohrzucker
- 5 Handvoll Haselkätzchen (noch nicht geöffnet!)
- 150 g gehackte Haselnüsse
- 300 g Dinkelmehl Vollkorn
- 1 TL Backpulver
- ½ TL Soda
- 1 TL Zimt
- 50 ml Haselnussöl

Den Rohrzucker (150 g) in einer Pfanne unter ständigem Rühren schmelzen, bis er karamellisiert, also schön rehbraun, nicht dunkelbraun werden lassen! Pfanne vom Herd nehmen und nun das Karamell in die gefettete Springform (ca. 32 cm) gießen und schwenken, bis alles gleichmäßig mit dem Karamell überzogen ist.

Nun die Haselkätzchen darauf verteilen und mit einem Teil der Haselnüsse bestreuen.

Den Backofen vorheizen auf 190 °C.

Für den Teig das Mehl, die restlichen Haselnüsse, Zucker und Zimt, das Backpulver und das Soda verrühren und dann erst das Haselnussöl und etwas Wasser für eine geschmeidige Konsistenz einrühren. Du kannst auch einen Teil des Wassers durch einen Likör ersetzen.

Nun die Kuchenmasse über das Haselkrokant gießen, glattstreichen und ab damit in den Backofen für circa 25 Minuten. Teste mit einem Spieß die Konsistenz, bis die Masse nicht mehr daran haftet.

Den Kuchen dann mehrere Stunden auskühlen lassen, damit sich das Karamell nachher leicht von der Form löst, wenn du den Kuchen stürzt.

TIPP

Die Haselkätzchen können getrocknet und zu Pulver vermahlen werden, um sie länger haltbar zu machen. Dieses vitalstoffreiche Pulver kannst du dann weiterverarbeiten, um es für Gebäck und Süßspeisen zu verwenden oder in dein Müsli geben. Die Kätzchen finden ebenfalls Verwendung in der Frühjahrskur als Tee!

Zwiebelschnegga mit Winterkräutern

In der Winterzeit kann es ruhig mal ein bisschen deftiger werden, die Kälte fordert ihren Tribut, weil der Körper viel Energie benötigt, um die Körpertemperatur aufrecht zu erhalten. Eine warme Suppe tut gut, jedoch ein stärkehaltiges Ofengericht macht länger und nachhaltiger satt. In der schwäbischen Küche gibt es deshalb zahlreiche Kartoffelgerichte, die seit jeher die Bauern und ihre Landarbeiter satt und leistungsstark machten. Schlanganger, der je nach Dorf auch Sperrknecht oder ähnlich genannt wird, Buabaspitzla oder Griabaschnegga sind alles Variationen des gleichen Kartoffelteiges, die gerne mit Speck gesalzen, mit Kuhmilch überbacken und traditionell mit Sauerkraut serviert wird. Diese Gerichte machen richtig glücklich und zufrieden! Mir hat Fleisch nie richtig geschmeckt, der Speck hat mich wirklich daran gestört. Ich mochte es einfach lieber rein vegetarisch, also ohne Speck und so entstanden die vegetarischen Zwiebelschnegga!

ZUTATEN

Zubereitung: 120 Minuten

- 1 kg mehlig kochende Kartoffeln
- 4 EL gelbe Leinsamen
- 1 kg Dinkelmehl 405
- 1–2 TL Salz, Muskat, Chili
- 4 große Zwiebeln
- 1 Packung Räuchertofu (250 g)
- 1 Schüssel Winterkräuter (Nelkenwurz, Vogelmiere, Labkraut, Löwenzahn, Taubnessel)
- 80 ml Sonnenblumenöl
- 4 EL Brennnesselsamen
- 3 EL Mandelmus

Kartoffeln in einem Topf circa 40 Minuten weichkochen und dann vollständig auskühlen lassen.
Die gelben Leinsamen in lauwarmem Wasser quellen lassen und dann mit dem Blender verhexeln. Es entsteht ein Ei-Ersatz, der den Teig gut bindet.
Jetzt die Kartoffeln schälen und durch eine Spätzlepresse drücken. Nun den Kartoffelstampf nach und nach mit dem Mehl, mit 1 TL Salz, einer Prise Muskat und dem Leinsamengel verkneten, bis nichts mehr klebt.
Die Zwiebeln und den Räuchertofu fein würfeln, die Wildkräuter waschen und klein schneiden. In einer Pfanne das Öl erhitzen und darin den Tofu, die Chili und Zwiebeln anbraten, bis sie glasig sind. Die Wildkräuter und die Brennnesselsamen dazugeben, Pfanne vom Herd nehmen.
Den Teig auf einer bemehlten Platte circa 1 cm dick ausrollen, mit der abgekühlten Masse bestreichen und vorsichtig aufrollen. Mit einem feuchten Messer in circa 3–5 cm breite Schneggen schneiden und in die gefettete Kachel/Auflaufform legen. Mandelmus mit ¼ l warmem Wasser vermischen und gleichmäßig über die Schneggen geben. Im Backofen bei 220 °C circa 30 Minuten überbacken.

TIPP

Da der Speck nicht nur Salz, sondern auch Räuchergeschmack bringt, habe ich die Zwiebelschnegga mit Räuchertofu ergänzt, das bringt eine herzhafte Note. Die neue schwäbische Küche kann auch vegan, vegetarisch, muss aber nicht! Du hast die Wahl, wie du das Gericht umsetzt. Klassischerweise wird dazu Sauerkraut mit Wacholderbeeren serviert, wobei die Zwiebelschnegga auch sehr gut mit einem gemischten Salat oder Gemüse kombiniert werden können.

Walnusseis mit Johnnynüssen

Hast Du schon mal von schwarzen Nüssen oder Johanninüssen gehört? Das sind Walnüsse, die zur Sommersonnwende geerntet werden, wenn sie noch grün und weich sind! Dazu solltest Du unbedingt Gummihandschuhe anziehen, denn sie sind stark färbend. Nach der Ernte pieke mit einer Stopfnadel so circa zehnmal hinein und lege sie im Anschluss in einen Eimer kaltes Wasser. Diese Prozedur wird 14 Tage lang wiederholt, dabei jeden Tag das Wasser wechseln, dabei werden die Johnnynüsse immer schwärzer. Wenn die Nüsse völlig schwarz sind, werden sie mit Wasser, Zucker und Gewürzen aufgekocht und mit dem Sirup bedeckt in sterilen Gläsern, bis zur Wintersonnwende sich selbst überlassen. In dem halben Jahr wird die innere Walnuss völlig aufgelöst und die innere sowie die äußere Schale werden butterzart und wunderbar aromatisch. Sie eignen sich dann hervorragend für eine festliche Käseplatte aber auch zu Eis und werden mit dieser Zubereitung zur wahrhaftigen Delikatesse!

ZUTATEN

Zubereitung: 40 Minuten

150 g grob gehackte Walnüsse
70 ml Ahorn- oder Agavensirup
200 g weiße Schokolade
400 g Sojaquark

Die weiße Schokolade im Wasserbad bei niedriger Temperatur schmelzen. Den Sojaquark mit 30 ml von dem Ahornsirup vermischen und dann die geschmolzene Schokolade mit dem Rührgerät in die Masse einrühren, bis alles fein cremig und geschmeidig wird.

Die Walnüsse knacken und grob hacken, den restlichen Sirup in der Pfanne bei moderater Hitze erwärmen und die Walnussstückchen bei niedriger Temperatur darin schwenken, bis sie gleichmäßig vom Sirup überzogen sind. Die karamellisierten Walnüsse zur Seite stellen und erkalten lassen. Einen kleinen Teil für die Deko separieren!

Jetzt die karamellisierten Nüsse in die Eismasse geben, unterheben und ins Eisfach stellen, dabei jede halbe Stunde kurz umrühren. Glücklich ist, wer eine Eismaschine hat! Die vom Sommer eingelegten Johnnynüsse werden aus dem Sirup genommen, in Scheibchen geschnitten und zum Eis serviert. Einfach nur köstlich und eine seltene regionale Feinkost!

TIPP

Sirup für circa 40 Walnüsse:

1 kg Rohrzucker
1 l Wasser
1 große Nelkenwurz
1 kleinen Zopf Mariengras
1 Zweig Eberraute
getrocknete Orangenschalen

Die Kräuter und Gewürze in einem Gazesäckchen zu einem leckeren Sirup köcheln, die Nüsse dazugeben und über Nacht ziehen lassen.

Am nächsten Tag aufkochen, die Nüsse auf die sterilen Gläser verteilen und mit dem Sirup bedecken. Bis zur Wintersonnwende ziehen lassen!

Schlusswort: Zurück zur Natur!

Je mehr man sich mit der Natur beschäftigt, je mehr man darüber weiß, desto klarer wird, dass man eigentlich gar nichts oder nur wenig weiß. Das Studium der Natur geht lebenslänglich – und das ist Teil der Faszination! Täglich entdeckt man neue Rätsel und Wunder, wenn man sich aufmacht, sie kennenzulernen. Durch den Wechsel der Jahreszeiten ist ständig alles in Bewegung, alles in Veränderung. Überlässt man der Natur Raum, gestaltet sie ihn neu und bei unserem nächsten Besuch ist sie kaum wiederzuerkennen. Wir können wieder eins werden mit ihr, die Entfremdung Stück für Stück rückgängig machen! Sie hilft uns dabei, indem sie uns ganz spielerisch in ihren Bann zieht.

Wir müssen nur wieder einen Schritt in ihre Richtung machen, unsere Augen öffnen, die Seele baumeln lassen im Grün ihrer Wälder, an ihren wundervollen Blüten schnuppern und an ihren aromatischen Blättchen knabbern.

Das Leben im Einklang mit der Natur ist uns mit zunehmender Industrialisierung und Rationalisierung immer mehr abhanden gekommen. Wir besuchen Kurse zum Waldbaden, anstatt einfach im Wald zu sein, die moosige, holzige Luft zu atmen, das Knacken der Ästchen zu hören, und auf Moos sitzend den Vögeln zu lauschen, und so die grüne Stille komplett in uns aufzunehmen.

Das Wissen über Essen aus der Natur, Pilze, Früchte und Wildkräuter ist größtenteils verloren gegangen. Die Vorstellung, etwas zu essen, was direkt von der Erde, von der Wiese kommt, ist für viele befremdlich. »Kann ich mir das wirklich in den Mund stecken?«, werde ich manchmal von den Teilnehmer*innen des Kräuterrundgangs gefragt. Wir haben kein Problem, Essen aus Plastikpackungen zu uns zu nehmen, mit einer Vielzahl an Zusatzstoffen, Zubereitungen, Geschmacks- und Aromastoffen zu essen, aber etwas, das direkt aus der Natur kommt, widerstrebt uns, macht uns Angst und kommt uns schmutzig vor.

Wir sollten mit dieser von der Natur entfremdeten Lebensweise so nicht mehr weitermachen, und viele Menschen wollen es auch nicht mehr.

Der Prozess der Rückbesinnung hat längst begonnen, die Sehnsucht nach Natur wird in uns wieder stärker, wir sollten die Notbremse ziehen und endlich anhalten, aussteigen und in ihr die so rar gewordene Ruhe finden.

Schon ein Spaziergang über die Wiesen, unser Aufenthalt in Feld und Flur entschleunigt unseren Puls, beruhigt unsere Nerven, lässt uns regelmäßiger atmen, versorgt uns mit Sauerstoff, das Licht kurbelt unsere Vitamin-D-Produktion an und stärkt somit unser Immunsystem. Die Augen sind konditioniert auf »grün«, und grün beruhigt die Nerven, stärkt sogar unser Immunsystem. Wir fühlen uns gut, sind zuversichtlich gestimmt, trübe Gedanken und Stress werden grün übermalt, so einfach ist das! Ein ganz elementares Bedürfnis nach »grün« steckt tief in uns verankert. Eine Heilung durch und mit der Natur findet also schon allein durch die optische Beeinflussung statt. Durch die Bewegung nehmen wir die Natur in uns auf, atmen frisch von den Pflanzen produzierte Luft mit viel Sauerstoff. Sie vitalisiert uns, die Düfte wecken Erinnerungen. Wir begegnen Pflanzen, Tieren, wir laufen auf weichem Boden, unsere Füße, unsere Wirbelsäule werden entlastet, ungleichmäßig belastet, anstatt plattgestampft auf Asphalt und Beton.

Wildkräuter zu sammeln, verbindet uns wieder mit der Natur und mit unserer eigenen Natur. Plötzlich ist unser Blick ein anderer, wir sehen Pflanzen und Früchte, die wir zuvor nie wahrgenommen haben und wir wundern uns, was so alles in unserem Garten wächst.

Nach der Devise »Dreck macht Speck« probieren wir Wildpflanzen direkt von der Wiese, beißen in Äpfel, die frisch vom Baum gefallen sind, oder sehen über Reste von Moos und Tannennadeln hinweg, die an unseren Pilzen kleben, weil wir uns einfach nur über unseren Fund freuen.

Die Bakterien auf den Kräutern sind plötzlich nicht mehr gruselig, sondern Teil einer Esskultur, weil sie das seltene Vitamin B_{12} produzieren und künstlichen Quellen vorgezogen werden. Wir fühlen uns nicht wie eine Kuh auf der Wiese, sondern wie Druiden, die ihren Zaubertrank aus Wildkräutern zu sich nehmen, mit potentem Inhalt, den man mit jedem Bissen spüren kann. Ein neuer Geschmack wird entdeckt, Aromen der Natur und der Sinn für Bitterstoffe entwickelt, denn »bitter macht lustig«, am besten täglich!

Unser veränderter Blick auf den Boden bringt uns die Erkenntnis: Wir laufen durch eine Salatschüssel!

Bitte um Nachhaltigkeit

Wildkräuter, Blüten, Früchte und Nüsse sind Geschenke aus der Natur, die denen gegeben werden, die ihre Kostbarkeit zu schätzen wissen, die respektvoll sammeln, denen Artenerhalt wichtig ist und denen, die durch ihr Tun und Handeln Naturschutz fördern. Seltene Arten werden stehengelassen, sie sollen sich aussähen können, ihr Bestand soll wachsen. Blüten werden von der Pflanze abgepflückt, nicht die ganze Pflanze ausgerissen. Wir sammeln nur das, was wir auch wirklich brauchen und lassen den Teil stehen, den die Natur braucht, um sich in Pracht zu entwickeln und zu entfalten. Blüten sind für Insekten da, genauso wie die Walderdbeere für die Schnecke. Wir sind hier zu Gast, wir sind eingeladen, uns zu bedienen und sollten die Gastfreundschaft nicht ausnutzen. In diesem Bewusstsein versuchen wir zu sammeln, versuchen wir die Natur zu unterstützen, wo wir es können, in unserem naturnahen Garten, beim Einkauf, mit unserer Ernährung, mit unserem Verzicht auf unnötigen Konsum. Es liegt an uns, diesen Planeten durch eine der Natur zugewandte Lebensweise zu schützen, für unsere Kinder und deren Kinder, für Schmetterlinge, Vögel und Kornblumen am Wegesrand.

Wir durchstreifen die Natur im Wandel der Jahreszeiten und staunen über die Wunder und Geschenke, die sie stets für uns bereithält und wertschätzen diese. Wer ihre Gaben für sich nutzt, gibt ihr gleichzeitig etwas zurück: Respekt und Anerkennung, Schutz und Unterstützung.

Hier habe ich dir nochmal die wichtigsten Regeln beim Sammeln der wilden Schätze zusammengestellt:

- Sammle nur so viel, wie du auch verarbeiten und verbrauchen kannst!
- Achte beim Sammeln darauf, dass du nur junge, zarte, frisch geschlüpfte Pflanzen oder Pflanzenteile wie Blätter und Blüten erntest, zum Beispiel aus der Mitte der Rosette.
- Beachte und schätze die kleinen und so wichtigen Lebewesen, die sich auf den Blüten und Blättern zuhause fühlen. Gib ihnen die Möglichkeit, im Freien wegfliegen zu können, indem du die gesammelten Blüten auf einem Tuch ausbreitest und diesen Vorgang gegebenenfalls wiederholst.
- Sammle nur die Pflanzen, die häufig vorkommen, schone die Bestände, pflücke an verschiedenen Stellen von verschiedenen Pflanzen oder Bäumen.
- Sammle natürlich keine Pflanzen, die unter Naturschutz stehen, und auch keine, von denen es nur wenige Exemplare gibt!
- Lass den Pflanzen genug Blüten, damit für die Insektenwelt ausreichend übrig bleiben!
- Sammle nicht entlang von Straßen, an landwirtschaftlichen Fluren, wo gedüngt oder gespritzt werden könnte, oder an Gassiwegen.
- Achte beim Sammeln auf junge, zarte Pflanzen und beachte die kleinen wichtigen Lebewesen, die darauf sitzen könnten, gib ihnen Zeit im Freien, damit sie sich retten können.
- Lass die Natur wieder in deinen Garten oder auf deinen Balkon, ernte hier deinen leckeren Wildkräuterbedarf und gib den Insekten die Möglichkeit, wieder zu dir zu kommen, und mit ihnen kommen dann Vögel und Kleintiere.
- Pflanze insektenfreundliche Blumen, Sträucher und Bäume, schaffe dadurch Nahrungsangebot und Wohnraum für sie.

Pflanzenalmanach

Nachfolgend findest du hier eine kurze Auflistung der verwendeten Pflanzen, sie ersetzt nicht den Besuch eines Kräuterrundgangs oder einer Kräuterwanderung! Diese Kurzfassung ersetzt auch kein Bestimmungsbuch, was ich dir bei Interesse an dem Thema wärmstens ans Herz legen möchte, denn so kannst du dein Wissen Pflanze um Pflanze erweitern. Meine Empfehlungen dazu findest du in den Quellenangaben.

Baldrian
Die grün bis lila gefärbten Sprossen, die im Frühling erscheinen, können wie Pflücksalat geerntet werden und schmecken auch genauso. Ebenfalls können sie in Kräuterhackmischungen gegeben oder als Spinatersatz verwendet werden.

Bärlauch
Die wohl beliebteste und bekannteste Wildpflanze, deren Blätter zu Pesto oder Kräuterbutter verarbeitet werden. Die Blüten werden als Knospen eingelegt oder als essbare Dekoration verwendet.

Beifuß
Klassischerweise wird Beifuß bei fetten Speisen verwenden. Bekannt ist er als Gänsebratenkraut, aber er kann auch für viele andere Gerichte verwendet werden, denn sein besonderes Aroma macht den Beifuß zu einer idealen Gewürzpflanze, zum Beispiel in einem Pilzgewürz.

Bitteres Schaumkraut
Der würzig-scharfe Geschmack des bitteren Schaumkrauts kann als Kraut und Blüte für vielerlei Zubereitungen genutzt werden, z.B. im Salat, Brotaufstrich oder als scharfe Würzsauce oder Pesto.

Brennnessel
Die pikante, würzige Art der Brennnessel macht sie zum Tausendsassa in der Küche: als Spinat, Gewürz für Suppen oder Soßen, als Chips, in der Panade, im Pesto oder Nudelteig. Die Samen werden im Müsli, in der Salatsoße, oder auf Gebäck geschätzt.

Buchensprossen
Im Frühling erscheinen die Sprossen der Buche im Wald. Sie sind knackig, herb-aromatisch und schmecken ein wenig vanilleartig nach Wintergrün. Sie können auf Brot, im Salat, oder zum Gemüse gegessen werden, oder als kleiner Snack beim Waldspaziergang.

Dost
Das aromatische Kraut kann nicht nur Wurst aromatisieren, sondern passt auch hervorragend zu Gemüse, Antipasti, zur mediterranen Küche im Allgemeinen, etwa Pizza & Pasta, in Kräutermischungen und im Hustentee.

Ehrenpreis
Es gibt zahlreiche heimische Arten von Veronika, so lautet der Zweitname vom Ehrenpreis. Die enthaltenen Bitterstoffe machen sie besonders wertvoll im Salat, Likör oder Kräuterpulver.

Feldsalat
Die unscheinbaren Blattrosetten des heimischen Feldsalates werden oft erst sichtbar, wenn die zartblassblauen Blüten erscheinen. Das ganze Kraut ist essbar und die Blüten wundervolle Dekoration.

Gänseblümchen
Die jungen, zarten Blättchen der Blattrosette können in Salat oder Gemüsehackmischungen gegeben werden. Die Knospen können in einer Essiglake zu Kapern verarbeitet werden, die Blüten in Tee oder als essbare Dekoration zu Gemüse, Salat und Desserts.

Giersch
Der Giersch ist unglaublich vielfältig in seiner Anwendung. Vom Smoothie über Brotaufstrich und Salat oder als Suppengrün in der Gemüsesuppe, Pesto oder Spinatersatz, der Giersch ist nie verkehrt, durch seinen dezenten, möhrenartigen Geschmack und seine guten Inhaltsstoffe.

Gundermann
Die wundervollen, ätherischen Öle im Gundermann machen die Pflanze zu etwas ganz Besonderem. Schon beim Pflücken, aber auch beim Schneiden und Zubereiten, verströmt das kleinen Pflänzchen einen wunderbaren Duft. Das kräftige Aroma bewegt sich irgendwo zwischen Minze und Basilikum, und so wird es auch verwendet. Es kann die ganze noch zarte Pflanze inklusive Blüten verwendet werden.

Günsel, kriechend
Der Kriechende Günsel wird gerne mit dem Gundermann verwechselt, er schmeckt aber längst nicht so aromatisch. Er hat gesunde Bitterstoffe, die im Salat besonders gut schmecken oder sich für das Kräuterpulver eignen.

Hagebutte
Die Früchte der Wildrose enthalten mehr Vitamin C als eine Zitrone und haben ein säuerliches, erfrischendes Aroma, was gerne zu Hägamark, einem Hagebuttenmus, verarbeitet wird. Auch als Tee oder Eistee wird sie verwendet und unterwegs ist sie ein gesunder saurer Snack vom Busch.

Haariges Schaumkraut
Gibt es im Garten nackte Erde? Im Frühjahr trifft sich dort das Haarige Schaumkraut. Als perfekte Rosette ist sie sehr hübsch als essbare Dekoration anzusehen und ihr kresse-artiger Geschmack ist vergleichbar mit Gartenkresse.

Holunder
Diese mythische Pflanze enthält giftiges Sambucin, das durch Kochen genießbar wird. Gesammelt werden die Blüten für Sirup oder zum Aromatisieren von Süßspeisen. Die Früchte finden Verwendung als Saft oder Elixier bei Erkältung.

Knoblauchsrauke
Durch ihren Geschmack nach Knoblauch kann die Knoblauchsrauke genauso verwendet werden. Allerdings sollte sie nicht erhitzt werden, denn dadurch werden die Senfölglykoside zerstört. Sie passt gut in Brotaufstriche, Salate, Kräutersalze oder Salatgewürzmischungen und ihre Samen sind heimischer Pfefferersatz.

Löwenzahn
Der Löwenzahn ist von Kopf bis Fuß in der Wiesenküche zu verwenden. Die Wurzel wird geröstet und als Kaffeeersatz zubereitet, die Blätter werden im Salat, Pesto oder Kräuterhackmischungen beigegeben. Die Blüte wird als essbare Dekoration, Blütencreme, für Löwenzahnhonig oder Likör verwendet.

Mädesüß
Das Aroma des Mädesüß ist schon etwas ganz Besonderes. Der Geschmack wird als marzipanartig beschrieben, ein Bouquet, das vor allem bei Süßspeisen Anwendung findet. Anscheinend haben die Kelten damit ihren Met verfeinert.

Melde
Die Melde wird auch als weißer Gänsefuß bezeichnet, vor allem aber als Unkraut. In anderen Ländern wird sie allerdings als Gemüsepflanze geschätzt und ihre Samen als Pseudogetreide genutzt. Sie schmeckt nussig, ölig und ist proteinhaltig. Ideal für Füllungen oder Gemüsegerichte.

Nelkenwurz
Was die Nelke aus Indonesien kann, kann die Wurzel der Nelkenwurz, die heimische Alternative, ebenfalls! Winterliches Gebäck, Trinkschokolade, Glühwein, Marmelade oder Likör wird wunderbar aromatisiert. Als immergrüne Pflanze kann sie sogar im Winter als Blattgemüse gesammelt werden.

Sauerampfer
Das ganze Kraut des jungen Sauerampfers kann in Salate, Smoothies oder in die bekannte »Grüne Soße« gegeben werden. Dazu wird das Kraut gerne mit anderen Pflanzen gemischt, um nicht zu viel Oxalsäure aufzunehmen.

Schafgarbe
Die jungen, zarten Blattrispen oder die noch feineren abgezogenen Rispen passen besonders gut im Gurken- oder Kartoffelsalat, perfekt als Dillersatz oder in der Salatkräutermischung.

Acker-Schachtelhalm
Die fertilen Sprossen werden im zeitigen Frühjahr geerntet und wie Spargel zubereitet. Das Kraut der sterilen Pflanze wird getrocknet und gemahlen. Es findet seinen Einsatz als Nahrungsergänzungsmittel, als willkommene Kieselsäurequelle, die so zu 90 Prozent resorbierbar wird.

Scharbockskraut
Nach dem Winter ist dieses Kraut der erste Frühlingsbote. Es wird nur bis zur Blüte gesammelt, danach sammelt sich ein Giftstoff an, der den Genuss einschränkt. Ihr pfeffriger Geschmack kratzt etwas im Hals.

Spitzwegerich
Die zarten Blätter aus der Mitte der Rosette schmecken nach Rucola oder Champignons. Er macht sich gut in Salaten, Gemüsen, als Pesto oder im wilden Pilzkräutermix. Die Knospen können angebraten oder eingelegt werden.

Steinklee
Durch ihren hohen Gehalt an Cumarinen kann die verwelkende Blüte ähnlich der Tonkabohne zum Aromatisieren verschiedener Süßspeisen oder Getränke genutzt werden. Allerdings sollte der Steinklee in Maßen verwendet werden, da sich sonst Kopfschmerzen und Schwindel zeigen könnten.

Taubnessel
Die aromatischen Blätter und Blüten der Taubnesseln sind nicht nur eine hübsche essbare Dekoration, sondern enthalten aromatische, nach Honig duftendende ätherische Öle, die Wildkräutermischungen für Salz, Füllungen oder auch Tees ergänzen. Auch im Salat machen sich die Blättchen und Blüten gut.

Veilchen
Vor allem die Blüten des Duftveilchens werden verwendet. Für Veilchensirup, Veilchenzucker, Veilchenessig, in Teemischungen, kandiert, bis hin zur Lutschpastille ist das Aroma der Veilchen seit der Antike beliebt und wird gerne verwendet.

Vogelmiere
Die dickfleischigen Blätter schmecken nach jungem grünem Mais vom Feld stibitzt, oder nach Erbsen. Deshalb sind sie sehr lecker in Salaten, als Suppengrün oder direkt aufs Brot.
Der Name Vogelmiere bezieht sich darauf, dass die Samen den Vögeln als Nahrung dienen, und auch wir können daraus Sprossen ziehen.

Walnuss
Die energiereiche Nuss ist reich an Omega-3-Fettsäuren und Proteinen, dazu noch schmackhaft zu pikanten und süßen Speisen. Aus den jungen Blättern kann Tee gemacht werden, die grünen Nüsse werden zu Likör, Sirup und schwarzen Walnüssen, einer Delikatesse, verarbeitet.

Wiesenbärenklau
Die zarten Stängel im Frühling werden wie Gemüse zubereitet, am besten in einer Gemüsepfanne. Die Samen sind sehr aromatisch und finden sich später im Jahr in einer Gewürzmischung wieder.

Wiesenknopf, groß
Kann als Gurkenkraut zum Einmachen von Gurken oder Zucchini benutzt werden. Junge Blätter und Triebe als Beigabe zu Salat, Kräutersuppen, Gemüse und als Gewürz. In einer wilden Salatkräutermischung macht er sich ebenfalls sehr gut.

Wiesenlabkraut
Die zarten jungen Triebe können direkt in den Salat, ins Gemüse oder als Chlorophyll-Lieferant in den Smoothie und in ein Tonic gegeben werden. Auch als Suppengrün macht es sich sehr gut.

Wiesenschaumkraut
Die zeitigen Blätter und Stängel im Frühjahr sind eine pikante Vitamin-C-Quelle, direkt auf dem Brot, im Salat oder Brotaufstrich. Sind sie frisch geschlüpft und lila, können sie komplett gegessen werden, später nutzt man nur die Blättchen und Blüten.

Wilde Möhre
Die wilde Möhre ist die Urform unserer heimischen Karotten, du erkennst sie an dem Punkt in der Mitte der Dolde, der schwarz, bordeaux oder auch mal nicht vorhanden ist. Die Wurzel ist im ersten Jahr zart und essbar, danach kannst du die Samen zum Würzen sammeln.

Quellen

Bücher:

Enzyklopädie der essbaren Wildpflanzen, Steffen Guido Fleischhauer, Jürgen Guthmann und Roland Spiegelberger, AT Verlag, Baden/München 2022.

Der Kosmos Heilpflanzenführer, Peter Schönfelder und Ingrid Schönfelder, Frankh-Kosmos Verlag, Stuttgart 2015.

Essbare Wildsamen, Anke Höller und Doris Grappendorf. Ulmer Verlag, Stuttgart 2019.

Klimaschutz fängt auf dem Teller an, Sophia Fahrland, Komplett-Media Verlag, München/Grünwald 2020.

Meine liebsten Pflanzen rohköstlich, Christine Volm, Ulmer Verlag, Stuttgart 2013.

Schwäbische Flora, Theo Müller, Konrad Theiss Verlag, Stuttgart 2018.

Essbare Wildpflanzen, Steffen Guido Fleischhauer, Jürgen Guthmann, Roland Spiegelberger, AT Verlag, Baden/München 2007.

Grundkurs Pflanzenbestimmung, Rita Lüder, Verlag Quelle & Meyer, Wiebelsheim 2020.

Online:

https://www.spiegel.de/wissenschaft/mensch/uno-bericht-fleischkonsum-ist-groesster-naturzerstoerer-a-0b441812-4ed4-44ca-91a9-a83dedca4dbc

http://www.oeko.de/oekodoc/2063/2014-637-de.pdf

https://de.wikipedia.org/wiki/Gustatorische_Wahrnehmung

https://www.kostbarenatur.net/

http://www.naturpaedagogik-bs.de/fileadmin/gs_uploads/Dokumente/2010.09.23.Fuchbandwurm.pdf

https://www.zecken.de/de/krankheit-borreliose

https://www.helmholtz-hzi.de/de/wissen/wissensportal/unser-immunsystem/das-mikrobiom/

https://www.sonnentor.com/de-at/rezepte-tipps/tipps/darmgesundheit-mit-kraeutern-und-gewuerzen

https://www.rapunzel.de/epaper/speiseoele/#0

Dank an:

Meine Eltern Lisa und Werner Diebold, die mich von Anfang an in den Wald und auf die Wiese mitgenommen haben, um mir die Wunder der Natur zu zeigen und zu erklären

Uli Schmid für seine Geduld mit mir, die Ruhe, die er ins Chaos brachte, und sein umfangreiches Fachwissen

Peter Schlipf, Fotographie, für die stimmungsvollen Landschaftsaufnahmen und das Cover der Wilden Hexenküche

Marcel Diebold für die schönen Fotos vom Kräuterrundgang und der Kräuterhex

Barbara Kindermann für ihre Ausdauer bei der Kommakorrektur und ihr Feedback

Sandra Bayer-Sarcevic für die lieben Vorworte

Brigitte Wengenmayr für die rettende Vermittlung an den Mann vom Fach

... und an alle meine Lieben, die mich stets motiviert und unterstützt haben:

Rose Diebold, Kruschd Müller, Tanja Rückle, Martin von Digiprint

meine Helpinghands: Leni, Hanna, Martina, Annette, Susi

Alisa, Sonja Aumann, Ines + Wanda, die Knackärschle Verena & Annette, Anke Schwörer-Haag, Susanne Rötter, Annette Holland, Christine & Mizzi

meine lieben Kolleginnen Karin, Sonja, Helgi, Monika und Ingrid sowie die Wildkräuter-Praktikantinnen Salome und Renate

Danke auch an Margret & George, Johanna, Jonny und Elena, sowie an meine stets verständnisvollen Nachbar*innen und an alle Besucher*innen des Kräuterrundgangs auf dem Koiserhof.